SP

PROGRAMMATIC COURSE
TAPESCRIPT MANUAL

Volume I

C. Cleland Harris and Associates

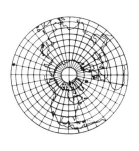

FOREIGN SERVICE INSTITUTE
DEPARTMENT OF STATE

WASHINGTON, D.C., 1970

AUDIO·FORUM On-the-Green, Guilford, Ct. 06437

UNIT 1

<u>Part 1</u>.   Page <u>3</u>.

1. Word 'a': <u>papa</u> (3 times)
2. Word 'b': <u>papá</u> (3 times)
3. papa/papá (3)
4. papa/papá (2)
5. papa   (2)
6. papá   (2)

(p. <u>4</u>):

7. papa/papá (2)
8. papa/papá (2)
9. papa   (2)
10. papá   (2)
11. papa   (2)
12. papá   (2)
13. 1.papa/2.papá (2)
14. papá   (2)
15. papá   (2)
16. 1.papa 2.papá

(p. <u>5</u>):

17. 1.papá 2.papa
18. papa papá papá papa papá
   Again: papa papá papá papa papá

19. papa papá papá papa papá
20. papá (2)
21. papá (2)
22. papa (2)
23. caso/casó (2)
24. Quito/quitó (2)
25. papa papá mamá
26. papa papá casá

(p. <u>6</u>)

27. papa papá casa
28. papa papá tomó
29. papa papá salgo
30. sigo luna
31. sigo luna
32. lago quise
33. casé subí
34. lana colé
35. saltó nada

Test A - Page <u>6</u>.

1. casa (2)
2. casé (2)
3. pasó (2)
4. paso (2)
5. pase (2)
6. peste (2)
7. mamá (2)
8. taza (2)
9. tendí (2)
10. canta (2)
11. quise (2)
12. loza (2)
13. 'dos-míl' (2)
14. 'los-dós' (2)
15. cantos (2)

1.2

Part 2.   Page 7.

36. plenipotenciario	(2)		46. decidí	(2)
37. caminó	(3)		47. manejé	(2)
38. camino	(2)		48. manolo	(2)
39. caminó/camino	(2)		49. archive	(2)
40. papá/caminó	(2)		50. ventana	(2)
41. papa/camino	(2)	(p. 9)		
(p. 8)			51. sépalo	(2)
42. empapó/dediqué	(2)		52. dígame	(2)
43. consigo/encima	(2)		53. manatí	(2)
44. dígame	(2)		54. delante	(2)
45. préstemelo	(2)		55. búscalo	(2)

Test B - Page 9.

1. búscalo (2)	6. cantate (2)	11. escapó (2)
2. dígame (2)	7. artista (2)	12. cáspita (2)
3. comando (2)	8. díganos (2)	13. Isabel (2)
4. mátala (2)	9. Pablito (2)	14. almidón (2)
5. 'se-le-fue' (2)	10. véndeme (2)	15. amibas (2)

(p. 10)

56. /Estámos conténtos./ (2)

57. /nanána nanána./ (2)

58. /nanána nanána./ (2)

59. /nanána nanána./ (2)

60. /Estámos conténtos./ (2)

61. /Estámos conténtos./ (2)

62. /Estámos conténtos./ (2)

(p. 11)

63. /nanána nanána?/ (2)

64. /nanána nanána?/ (2)

65. Statement:/nanána nanána./
    Question:/nanána nanána?/

66. Statement: /nanána nanána./ (1)
    Question: /nanána nanána?/ (1)

67. Statement: /Estámos conténtos./(2)
    Question: /Estámos conténtos?/ (2)

68. /Estámos conténtos?/ (2)

69. No. 1: /nanána nanána./ (1)
    No. 2: /nanána nanána?/ (1)

70. No. 1: /nanána nanána./ (1)
    No. 2: /nanána nanána? (1)

71. Statement:/mañána compra un carro
    nuévo./ (2)
    Question:/mañána compra un carro
    nuévo?/ (2)

(p. 12)

72. Familiar Question: /nanána nanána??/ (2)

('??'= rapid rise and fall at ending)

73. Polite Question: /nanána nanána?/ (2)

Familiar Question: /nanána nanána??/ (2)

74. /nanána nanána??/ (2)

75. No. 1: /nanána nanána??/ (1)

No. 2: /nanána nanána?/ (1)

76. No. 1: /nanána nanána?/ (1)

No. 2: /nanána nanána??/ (1)

77. (No voice)

78. /Estámos conténtos??/ (2)

79. /mañána compra un carro nuévo??/ (2)

(p. 13)

80. /Se fuéron anóche??/ (2)

81. /Se fuéron anóche?/ (2)

82. /Se comiéron todo el dúlce??/ (2)

83. /Se comiéron todo el dúlce./ (2)

84. /Se comiéron todo el dúlce??/ (2)

85. /Se comiéron todo el dúlce?/ (2)

86. /Compráron la casa gránde?/ (2)

87. /Ustédes salian todos los días??/ (2)

88. /Me dijéron que me fuéra./ (2)

89. /No sé donde está./ (2)

90. /Termináron el exámen??/ (2)

91. /Le tráigo todos los papéles??/ (2)

(p. 14)

92. /Le súbo las malétas??/ (2)

93. /Mandó todas las camísas?/ (2)

94. (No voice.)

95. /A dónde lo mandáron./ (2)

96. /A dónde lo mandaron./ /A Páblo lo mandáron./ (2)

97. A dónde (2)

98. /A dónde lo mandáron./ (2)

99. /A dónde fuiste anoche./ (2)

100. Statement: /A Luísa le dijeron que fuéra./ (2)

    Question W/Q-word: /A dónde le dijeron que fuéra./ (2)

(p. 15)

101. (No voice.)

102. Polite question: /Mandáron todo a la embajáda?/ (2)

    Familiar question: /Mandáron todo a la embajáda??/ (2)

    Question with Q-word: /Adónde quieren ir los níños./ (2)

103. A dónde (2)

104. /A dónde piensas llevárlo./

105. No. 1: /Le llévo a mi cása./ (2)

    No. 2: /A dónde te llévo./ (2)

(p. 16)

106. /Te espéro en mi cása??/ (2)

    /Adónde se fue Cárlos./ (2)

107. /Y quiére que se lo mánde./ (1)

    /A dónde se lo mándo./ (1)

103. /Quiére que se lo mánde?/ (1)

    /A dónde vamos con élla./ (1)

109. /Pedí mas de cinco docénas./ (1)

    /A dónde se lo mandáste./ (1)

110. No. 1: /A dónde fuiste con élla./ (1)

    No. 2: /Y él salio con élla./ (1)

111. No. 1: /La Cármen quedo conténta./ (1)

    No. 2: /A dónde salieron éllos./ (1)

    No. 3: /La Cármen quedo conténta??/ (1)

    No. 4: /Mandé todos los que había./ (1)

    No. 5: /La Cármen quedo conténta?/ (1)

    Again: (Repeat 1 - 5.)

112. No. 1: /Entendíste todo lo que oíste?/ (1)

    No. 2: /Mañána salgo tempráno./ (1)

    No. 3: /Vendió la casa en seguída./ (1)

    No. 4: /Y quiéres que te mande ótro??/ (1)

    No. 5: /A dónde quiere que mande ésto./ (1)

    Again: (Repeat 1-5)

1.5

113. /Lo súbo en seguidíta??/ (2)

114. /A dónde quiere que lo lléve./ (2)

(p. 17)

Test C - Page 17.

(S)   1. /Estámos en cása./ (2)

(PQ)   2. /Estámos en cása?/ (2)

(QW)   3. /A dónde vamos ahóra./ (2)

(FQ)   4. /Quiéres ir conmígo??/ (2)

(FQ)   5. /Le súbo el água??/ (2)

(S)   6. /Mañána llega el cóche./ (2)

(QW)   7. /A dónde llevaste el búlto./ (2)

(S)   8. /Manuél me lo trájo./ (2)

(FQ)   9. /Estás seguro de éso??/ (2)

(PQ)   10. /Deséas que te pida ótro?/ (2)

(QW)   11. /A dónde fuiste anóche./ (2)

(PQ)   12. /Sábes si esta en la oficína?/ (2)

(QW)   13. /A dónde le-mandaste la cárta./ (2)

(FQ)   14. /Le díje que iba mañána??/ (2)

(PQ)   15. /Ustéd termino con el trabájo?/ (2)

UNIT 2

INTRODUCTION

Part 1. Page 19.

1. ma (2)

2. mǎa (2)

3. ma/mǎa (2)

4./ No. 1: mǎa No. 2: ma/ (2)

5. No. 1: ma No. 2: mǎa (2)

6. No. 1: la No. 2: lǎa (1)

7. me/mée (2)

8. No. 1: me No. 2 mée (1)

9. me ma (1)

10. me mǎa (1)

(p. 20)

11. mée ma (1)

12. me ma (1)

13. si síi (1)

14. No. 1: si No. 2: síi (1)

15. si síi (1)

16. si si (1)

17. ma me si (1)

18. ma mée síi (1)

19. ma me síi (1)

20. ma me si (1)

21. mo mow (1)

22. No. 1: mo No. 2: mow (1)

23. mo mow

(p. 21)

24. mo mo (1)

25. ma me mi mo (1)

26. ma me míi mo

27. ma me mi mow (1)

28. No. 1: ma No. 2 me (1)

    No.3: míi No. 4: mow (1)

29. No. 1: mo No. 2: mi (1)

    No. 3: mée No. 4: mow (1)

30. fe la si no (1)

(Note: '...' indicates that student
    is to be allowed time to repeat.)

31. si ... si ...

32. si ... (3)

33. se... (3)

34. si... se ... me ... mi ... (1)

(p. 22)

35. ma ... (3)

36. sa ... fa ... ma ... (1)

37. así/uhsí (2)

38. esí/uhsí (2)

39. así ... (2) esí ... (2)

40. No. 1:así No. 2: uhsí No. 3:esí(1)
    Again: (Repeat series.)

41. así uhsí (1)

42. así esí (1)

43. mo (2) mo ... (2)

44. mu (2) mu ... (2)

45. so (2) so ... (2)

(p. 23)

46. su (2) su ... (2)

47. u si úsi úsi (1)

48. u... si... úsi... úsi... (1)

49. 0 fi ófi ófi (1)   61. (normal speed) usted (2)

50. 0... fi... ófi... ófi... (1)   62. hola (2)

51. don de donde donde (1)   63. hola (2)

52. don... de... donde... donde...(1)   64. cómo (2)

53. o la óla óla (1)   65. así (2)

54. o... la... óla... óla...(1)   66. dónde (2)

                                        67. oficina (2)

Unit 2.Introduction.Part 2.Page 23   68. donde (2) está (2)

55. bathe (2)   (p. 25)

56. -athe (2)   69. donde (1) está (1) dóndestá (2)

57. -ath(e) (2)   70. su/oficina (2)

(p. 24)   71. su/oficina (1) swoficina (2)

58. -eth (2)   72. su/0- swo-(2)

59. usted (2)   73. su/oficina (1) swoficina (2)

60. usted (2) usted... (2)

Unit 2 Dialog. Page 25.

Step 1: Comprehension and Identification Tests.
Comprehension: lines 1 and 2.
Hi! How are you!   ESSESS   ES SS ES   SS
Fine! And you?   ESSESS ES SS ESS SS

Identification Test No. 1: lines 1 and 2.
¡Hola! ¿Comwestá?   XX   X XX   (=5)
 Bien. ¿Y usted?   XXX XX   X   (=6)

Comprehension: lines 1, 2, and 3.
Hi! How are you!   ESS   SS   S   SS
Fine! And you?   ESS   SS   S S S   SS
So-so.   ESS   ESS   SS SS   SSES

Identification Test No. 2: lines 1, 2, and 3.
¡Hola! ¿Cómwestá?   XX   X   (=3)
 Bien. ¿Y usted?   XX X   X   (=4)
 Así-así.   X XX X X   (=5)

```
Comprehension: lines 1, 2, 3, and 4.
Hi! How are you?         ESS              S        S
Fine! And you?            ESS              S   S
So-so.                     SS               S   S
Where's Sánchez?          ESS ESS  ESS   SS    ESSS
```

```
Identification Test No. 3: lines 1, 2, 3, and 4.
¡Hola!¿Comwestá?       XX      X     X              (=4)
 Bien.¿Y usted?         XX     X     X X X          (=6)
 Así-Así.                      X    X X             (=3)
 Dóndestá Sánchez?     XX X    X X    X             (=6)
```

```
Comprehension: lines 3, 4, and 5.
So-so·                   S            SS
Where's Sánchez?         S    ESS      SS      S S
In his office.          ESS    ESS        SSESS S S
```

```
Identification Test No. 4: lines 3, 4, and 5.
Así-así·               XX  X  X     X             (=5)
Dóndestá Sánchez?       X   X XX     X             (=5)
En swoficina.           X X    XX X X             (=6)
```

```
Identification Test No. 5: all lines.
¡Hola! ¿Comwestá?      X    X      X   X          (=4)
 Bien. ¿Y usted?            X   X X     X          (=4)
 Así-así.               X        X      X          (=3)
 ¿Dóndestá Sánchez?          X      X   X          (=3)
 En swoficina.          X X  X      X     X        (=5)
```

End of Step 1, Comprehension

Unit 2. Dialog. Step 2: Pronunciation.
    Repeat everything you hear the way you hear it.
(Use a normal-slow speed.)

(a) ho- (2)   -la (2)   ¡Hola! (2)   co-(2) ¡Hola! co-(2)   -mo (2)
    ¡Hola! ¿Cómo (2)   es-(2)   está (2)   ¡Hola! ¿Cómo (2)   está (2)
    ¿Comwestá? (2)   -mwes-(2) -mwestá (2)   ¿Cómwestá? (2)   ¡Hola! ¿Cómwestá?(

(b) Bien. (3)   y (2)   Bien. ¿Y (2)   us-(2)   Bien.¿y (2)   us-(2)   ¿Y-us-(3)
    Bien. ¿Y-us-(3) ¿Y-usted (3)   Bien. ¿Y-usted (3)

(c) a-(2)   -si (2)   así(3)   así-a (3)   Así-así (4)

(d) ¡Hola! ¿Cómwestá? (2)   Bien. ¿Y-usted? (3)   Así-así. (3)

(e) don- (3)   de (3)   dónde (3)   es-(2)   está (2)   dónde (2)   está (2)
    dóndestá (3)   -destá (3)   dóndestá (3)   San-(2)   ¿Dóndestá San- (3)
    chez (3)   ¿Dóndestá Sánchez? (4)

2.3

(f) En (2)   su (2)   En su (3)   O-(2)   En su (2)   O-(2)   En swo-(3)   swo-(3)
    En swo-(2)   -fi-(2)   En swofi-(3)   ci-(2)   En swoficí-(4)   -na (2)
    En swoficina (4)

Unit 2. Dialog. Step 3: Fluency.
    (use normal, but not fast, speed.)
¡Hola! ¿Comwestá (3)   Bien. ¿Y usted? (3)   Así-así (2)   ¿Dóndestá Sánchez?(3)
 En swoficina. (3)

Unit 2, Dialog, Step 4: Participation.

    Part A:
            ¡Hola! ¿Cómwestá?   (1)
              B--- ¿Y -----?
            Así-así   (1)
            ¿Dóndestá Sánchez? (1)
            ---------------.

    Part B:
            You are to begin by saying. 'Hi! How are you!'
            Begin now:
                ¡H--! ¿C ------------?
                Bien. ¿Y usted?
                A---------------------
                ¿D--------------------
                En swoficina.

UNIT 3

Introduction   Page 29,
1. que (2)
2. k'e (2)
3. que/k'e (2)
4. que k'e que que (1)
5. que k'e que k'e (1)
6. al (2)
7. aL (2)
8. al/aL (2)
9. al (4)
10. al al aL al

(p. 30)
11. tal (2)
12. t'al (2)
13. tal/t'al (2)
14. tal tal t'al tal (1)
15. tal tal·tal t'al (1)
16. ¿Qué tal? (2)
17. ¿K'e t'al ? (2)
18. Qué tal Qué tal Qué tal
    k'e t'al (1)
19. No. 1: k'e tal No. 2: quétal
    No. 3: quétal (1)
20. quétaL (1)
21. qué t'al (1)
22. qué tal (1)

(p. 31)
23. k'e (2) t'al (2)
24. que (2) tal (2) ¿Quétal? (2)

25. que (2) que... (2)
26. tal (2) tal... (2)
27. ¿Qué tal? (2) ¿Quétal?...(2)
28. No. 1: taal No. 2: tal
29. No. 1: ¿Qué taal? No. 2: Qué
    tal? (2)
30. Sánchez / Suhnchez (2)
31. No.1:Suhnchez No.2:Sánchez (1)
32. Sánchez Suhnchez (1)
33. No. 1:Sánchez No.2:Suhnchez (1)
34. Sanchuhz (2)

(p. 32)
35. No.1:Sánchez No.2:Sanchuhz (2)
36. No.1:Sanchuhz No.2:Suhnchez (2)
37. No.1:Sánchez No.2: Sánchez (2)
38. No.1:Sánchez No.2:Suhnchez
    No.3:Sánchez No.4:Sanchuhz
39. es (2) la (2)
40. es (1) la (1) ez-la (2)
41. es-la(1) ez-la(1)
42. bien (2)
43. te(1) bien(1) (slowly:) teβien(3)
44. te(1) bien(2) (slowly:) teβien(3)
45. teβien (2) teβien ... (2)
46. na (2) na ...(2)

(p. 33)
47. ána (2) ána ...(2)
48. añá (2) añá ...(2)
49. añána(2) añána...(2)

50. mañana(2) mañana...(2)   54. No.1:mañanuh No.2:mañana (1)
51. ána/ánuh (2)   55. muhñana (2)
52. No.1:ána No.2:ánuh (1)   56. No.1:muhñana No.2:mañana (1)
53. mañana/mañanuh (2)   57. mañana(2) mañana...(2)

Unit 3. Dialog. Page <u>34</u>.

Review: Repeat the following phrases as often as you hear them and at the
speed you hear them:
(normal-fast speed:)

¡Hola! ¿Comwestá? (2)
Bien. ¿Y usted? (2)
Así-así. (2)
¿Dóndestá Sánchez? (2)
En swoficina. (2)

(Repeat the lines again, same number of times each line.)

New Dialog. Step 1: Comprehension and Identification Tests.

Comprehension: lines 6 and 7.

Hi, Sánchez. ¿How're you doing?   ESSESSES   ESS   SS   ESS
Pretty good. And you?   ESSESS   ESS SS   ESS

Identification Test No. 1: lines 6 and 7.

¡Hola, Sánchez! ¿Quétal?   XX X XX   (=5)
Bastante bien. ¿Y usted?   XX XX XX   (=6)

Comprehension: lines 6, 7, and 8.

Hi, Sánchez! How're you doing?   S   S   ES   S
Pretty good. And you?   S   S   ES   S
Fine! When is the party?   ESSESS SESSES   ES   S

Identification Test No. 2: lines 6, 7, and 8.

¡Hola, Sánchez! ¿Quétal?   X   X   XX   (=4)
Bastante bien. ¿Y usted?   X XX   X   (=4)
Bien. ¿Cuándo es la fiesta?   XX X X X X   (=6)

Comprehension: lines 6, 7, 8, 9, and 10.

```
Hi, Sanchez! How're you doing?    S              S ES
Pretty good.  And you?            S              S ES
Fine!  When is the party?         S                  SES
Tomorrow.                    ESS  SS                ES  S

Tomorrow?!                        ESS  SS              ES S
```

Identification Test No. 3: lines 6, 7, 8, 9, and 10.

```
¡Hola, Sánchez! ¿Qué tal?      X           X   X        (=3)
Bastante bien. ¿Y usted?       X              X         (=2)
Bien. ¿Cuándo es la fiesta?    X    X X X  X    X       (=6)
Mañana.                          X X   X    X   X       (=5)
¡¿Mañana?!                       X X X  X       X       (=5)
```

Comprehension: lines 9, 10, and 11

```
Tomorrow.                         SS         S
Tomorrow?!                        SS  S    S
Yes. At five          ESSESS    ESS SSES  SSESS.
```

Identification Test No. 4: lines 9, 10, 11.

```
Mañana.                  XX    X X              (=4)
¡¿Mañana?!               X  X    X              (=3)
Sí. A las cinco.         XX X X  X              (=5)
```

Comprehension: lines 6 through 11.

```
Hi, Sánchez! How're you doing?   ES      S
Pretty good. And you?            ESS    S
Fine! When is the party?         ESS  S      S  S
Tomorrow.                            S       S
Tomorrow?                            S       S
Yes. At five.                    SESS  S   SS.
```

Identification Test No. 5: All lines.

```
¡Hola, Sánchez! ¿Qué tal?      X    X  X    X     (=4)
Bastante bien. ¿Y usted?       X  X        X      (=3)
Bien. ¿Cuando es la fiesta?     X    X    X  X    (=4)
Mañana.                          X       X   X    (=3)
¡¿Mañana?!                      X   X X      X     (=4)
Sí. A las cinco.                 X   X X      X   (=4)
```

Unit 3. Dialog. Step 2: Pronunciation.
    (Use normal-slow speed.)
(a) ¡Hola, Sánchez! (2) ¿Qué tal? (2)
    ¡Hola, Sánchez! ¿Qué tal? (2)

(b) bas-(2)   -tan(2)   bastan-(2)   -te(2)   bastante(2)   bien(2)   bastante
    ƀien(2)   -te ƀien (4)   Bastante ƀien(2)   ¿Y usted? (2)   Bastante
    ƀien.¿Y usted?(3)

(c) Bien.(2)   cwan-(2)   -do(2)   cwándo(2)   es(2)   cwándo es(2)   la(2)
    cwando es la(3)   fiesta(3)   ¿Cwando es la fiesta?(3)

(d) añá(3)   mañá(3)   mañana.(3)

(e) ¿¡mañana?!(3)

(f) Sí.(2)   Sí a(2)   las(2)   Sí.a las(2)   ciŋ-(2)   Sí.A las ciŋ-(3)   co(2)
    cinco(3)   Sí.A las cinco.(3)

Unit 3. Dialog. Step 3: Fluency.

Repeat these utterances at the speed you hear them.
(Use normal-fast speed.)

> ¡Hola, Sánchez! ¿Qué tal? (3)
> --Bien. ¿Y usted? (3)
> Bien. ¿Cwándo es la fiesta? (3)
> --Mañana. (3)
> ¡¿Mañana?! (3)
> --Sí. A las cinco. (3)

Unit 3. Dialog. Step 4. Participation.

Participation A.

You are to play the role of Sánchez. The instructor's voice on the
tape will begin by saying 'Hi, Sánchez! How're you doing?'

> ¡Hola, Sánchez! ¿Qué tal?
>   b--- ¿Y -----?
> Bien. ¿Cwando es la fiesta?
>   m-----
> ¡¿Mañana?!
>   sí---------

Participation B:

You are to begin by saying, 'Hi, Sánchez! How're you doing?'. Begin now:

¡H--, --------- ¿Q-----------?

Bastante bien.   ¿Y usted?

B----- ¿C--------------------?

Mañana.

M-------------------------?!

Sí. A las cinco.

Unit 3.   Comprehension.   Page 38.

Unit 3.   VARIATIONS

Comprehension.   Page 38.

1. ¡Hola!   11. ¡¿En su oficina?!

2. ¡Hola, Sánchez!   20. Sí, en su oficina.

3. ¡Hola, Jones!   21. ¿Qué tal?

4. ¿Dónde está Sánchez?   22. ¿Qué tal?   ¿Bien?

5. ¿Dónde está Jones?   23. Sí, bien ¿y usted?

6. ¡Hola!   ¿Cómo está?   24. ¿Cuándo es la fiesta?

7. Bien ¿y usted?   25. ¿Cuándo es la fiesta, mañana?

8. ¿Dónde está Sánchez?   26. Sí, mañana.   A las cinco.

9. ¿Cómo está Sánchez?   27. Bastante bien.

10. ¿Cómo está Jones?   28. ¿Dónde está Sánchez?   ¿En su oficina?

11. ¡Hola!   ¿Qué tal?   29. Sí, en su oficina.

12. ¡¿Mañana?!   30. ¿Está Sánchez en su oficina?

13. Sí, mañana.   31. Sí, Sánchez está en su oficina.

14. Sí, en su oficina.   32. Sánchez está en la fiesta.

15. Sí, ¿y usted?   33. ¿Cuándo es la fiesta?

16. ¡¿Mañana?!   34. La fiesta es mañana.

17. ¡¿A las cinco?!   35. La fiesta es a las cinco.

18. Sí, a las cinco.

3.5

The following are models of the kind of questions which can be asked at this stage. These are suggested for use at the conclusion of this Unit.

1. ¡Hola,____! ¿Cuándo es la fiesta?

2. ¿Mañana?

3. ¿A las cinco?

4. ¡Hola,_____! ¿Qué tal?

5. ¿Cómo está usted?

6. ¿Cómo está _____ (un señor en la clase)?

7. Y Sánchez, ¿cómo está? ¿Bien?

8. Y Sánchez, ¿dónde está? ¿En la fiesta?

9. ¿Dónde está Sánchez? ¿En su oficina?

10. ¿Sánchez está en la fiesta o en su oficina?

11. ¿La fiesta es a las cinco?

UNIT 4

Introduction. Page 39.

1. mañana/mañanuh(2)
2. mañana/muhñana(2)
3. mañana/muhñanuh(2)
4. mañana...(3)
5. No.1: así No.2:uhsí (2)
6. No.1: Sánchez No.2:Sánchuhz(2)
7. oficinuh(3)

(p. 40)

8. oficina (3)
9. uhficina(3)
10. oficina...(3)
11. buhstante(2)
12. bastantuh(2)
13. No.1:bastánteɓien.No.2:bastantuh
    ɓien (2)
14. fiestuh(2)
15. fiesta (2)
16. conoce (2)
17. c'noce (2)
18. No.1:c'noce No.2:conoce (2)

(p.40)

19. chica (2)
20. chicuh (2)

21. No.1:chica No.2:chicuh(2)
22. baila (2)
23. bailuh (2)
24. No.1: bailuh No.2:baila (2)
25. Gómez (2)
26. Gómez/Goméz (2)
27. Gómuhz (2)
28. No.1:Gómuhz No.2:Goméz No.3:
    Gómez (2)
29. es(1) la(1) ezla(2)
30. que(1) baila(1) que ɓaila(2)
    again:(Repeat above line.)
31. No.1:que baila No.2:que ɓaila(2)
32. que ɓaila(1) que ɓaila...(3)
33. ɗo (4)
34. ɗe (3)
35. (no stress) aɗe (3)
36. hija ɗe (3)
37. hija(1) de(1) hija ɗe(2)
    Again: (Repeat above line.)
38. hija ɗe(2) hija ɗe...(2)
39. No.1:buhstante No.2bastantuh
    No.3:bastante No.4:buhstantuh
    Again: (Repeat above again.)

Unit 4. Dialog. Page 43.

Review. Repeat the following phrases as often as you hear them and at the speed
that you hear them.
   (normal-fast speed:)

                         ¡Hola! ¿Cómwestá? (2)
                         Bien. Y usted? (2)
                         Así-así. (2)
                         ¿Dóndestá Sánchez?(2)
                         En swoficina.(2)

                         ¡Hola, Sánchez! ¿Qué tal? (2)
                         Bastante bien. ¿Y usted? (2)
                         Bien. ¿Cuándo es la fiesta? (2)
                         Mañana. (2)
                         ¡¿Mañana?! (2)
                         Sí. A las 5:00. (2)
New dialog.
Step 1. Comprehension and Identification Tests.

   Comprehension: lines 12 and 13.

At the party.   ESSESS   ESS   S SS   ESS
Say, Sánchez!   ESS   ESS SS ESS

   Identification Test No. 1: lines 12 and 13.

En la fiesta.   X XX XX   XX X   (=8)
¡Oiga, Sánchez!   XX X XXX X X   (=8)

   Comprehension: lines 12, 13, and 14.

At the party.   S   SS   S
Say, Sánchez!   S   ESS   S   S
Do you know that girl?   ESSESS   ESS   SSS ESS

   Identification Test No. 2: lines 12, 13, and 14.

En la fiesta.   X   X X   (=3)
¡Oiga, Sánchez!   X X   X X X   (=5)
¿Usted conoce esa chica?   X XX   XX X   (=6)

   Comprehension: lines 13, 14, and 15.

Say, Sánchez!   S   S
Do you know that girl?   SS   SS   S
Which one?   ESSESS SS SESS

Identification Test No. 3: lines 13, 14, and 15.

¡Oiga, Sánchez!	X X	(=2)
¿Usted conoce esa chica?	X X XX	(=4)
¿Cuál?	X X X XX	(=5)

Comprehension: lines 14, 15, and 16.

Do you know that girl?	S ESS S
Which one?	S S S S
The one dancing with José.	ESSESS ESS SS SESSS

Identification Test No. 4, lines 14, 15, and 16.

¿Usted conoce esa chica?	X X X	(=3)
¿Cuál?	X X X X X	(=5)
La que baila con José.	XX X X X	(=5)

Comprehension: lines 14, 15, 16, and 17.

Do you know that girl?	SS S
Which one?	SS S
The one dancing with José.	SES ESS S S
Sure, I know her.	ESSESS ESS SS SESS

Identification Test No. 5: lines 14, 15, 16, and 17.

¿Usted conoce esa chica?	X X X X	(=4)
¿Cuál?	X X X	(=3)
La que baila con José.	X XX X	(=4)
Como no. La conozco.	X XX X X X X X	(=8)

Comprehension: lines 16, 17, and 18.

The one dancing with José.	SS S
Sure, I know her.	SSES SS S
She's Gómez' daughter.	ESSESS ESS SSESS

Identification Test No. 6: lines 16, 17, and 18.

La que baila con José.	X X X X	(=4)
Como no. La conozco.	X X X X	(=4)
Es la hija de Gómez.	XX X XX X X X	(=8)

Identification Test No. 7: all lines.

En la fiesta.	X X X	(=3)
¡Oiga, Sánchez!	X X X X	(=4)
¿Usted conoce esa chica?	X X X	(=3)
¿Cuál?	X X X X X	(=5)
La que baila con José.	X X X X	(=4)
Como no. La conozco.	X X X X	(=4)
Es la hija de Gómez.	X X X X X	(=5)

Unit 4. Dialog. Step 2: Pronunciation.

   (use normal-slow speech.)

(a) en (2)   en la (3)   En la fiesta (3)

(b) Oiga (3)   ¡Oiga, Sánchez! (3)

(c) usted (2)   co- (2)   usted co- (2)   -no (2)   usted cono- (3)   -ce (2)
    usted conoce (3)   e- (2)   sa (2)   esa (2)   usted conoce esa (3)
    -ce esa (3)   usted conoce esa (3)   chi- (3)   usted conoce esa chi (4)
    -ca (3)   ¿Usted conoce esa chica? (4)

(d) ¿Cwál? (4)

(e) La (2)   La que (3)   bai- (3)   baila (3)   La que baila (3)   que baila(3)
    La que baila (3)   con (3)   La que baila con (3)   José (3)   La que baila
    con José. (3)

(f) co- (2)   -mo (2)   Como (2)   no (2)   como no (2)   la (2)   Como no. La
    (2)   co (2)   Como no. La co- (2)   -noz (2)   Como no. La conoz-(3)
    -co (2)   Como no. La conozco. (3)

(g) es (2)   la (2)   es la (2)   hi- (2)   es la hi- (2)   -ja (2)   es la
    hija (3)   de (2)   es la hija de (3)   -ja de (3)   es la hija de (2)
    Go- (2)   es la hija de Go- (2)   -mez (2)   Es la hija de Gómez.(3)

Unit 4. Dialog. Step 3: Fluency.

   Repeat the following phrases as often as you hear them and at the speed you
   hear them.

   (Use normal speed.)

En la fiesta. (2)   ¡Oiga, Sánchez! (2)   ¿Usted conoce esa chica? (2)   ¿Cuál?
(2)   La que baila con José. (4)   Como no. La conozco. (3)   Es la hija de
Gómez. (3)

   (Repeat the above phrases, same order.)

Unit 4. Dialog. Step 4: Participation.

   Participation A.

            ¡Oiga, Sánchez!
            ¿Usted conoce esa chica?
            ¿C-----?
      La que baila con José
            C------   L--------
               Es-------

4.4

Participation B.

      Now you begin by saying, 'Say, Sanchez! Do you know that girl?
Begin now:

      ¡O---, S------! ¿Usted c-------------------?
      ¿Cuál?
            L---------------------.
      Como no. La conozco.
      Es la hija de Gómez.

Unit 4. Comprehension. Page <u>46.</u>
  (Read normal to slow speed.)

1. ¡Hola! Ccmwesta?
2. ¿Cuándo es la fiesta?
3. En su oficina.
4. En la fiesta.
5. En la oficina.
6. En su fiesta.
*7. ¿Usted conoce esa chica?
8. Como no. La conozco.
9. Sí la conozco.
10. Es la hija de Gómez.
11. Es la hija de Sánchez.
12. Es la que baila con José.
13. La hija de Gómez.
14. La hija de Gómez baila con José.
15. ¿Cuál? ¿La hija de Gómez?
16. La que baila con José es la hija de Gómez.
17. La hija de Gómez es la que baila con José.
*18. ¡Oiga, Sánchez! ¿Conoce esa chica?
19. Esa chica es la hija de Gómez.
20. Esa chica es la que baila con Sánchez.

21. Esa chica es la que baila con José.
22. ¿Cuál? ¿La que baila con José?
23. ¿Dónde está Sánchez?
24. ¡Oiga, Gómez! ¿Comwestá?
25. ¿Dónde está esa chica?
26. Esa chica está en la fiesta.
27. Esa chica está en su oficina.
28. Esa chica está en su fiesta.
29. ¿Cómo está Gómez?
30. ¿Cómo está esa chica?
31. Como no. La conozco.
32. Como no. Sánchez está en su oficina.
33. Como no. La conozco bastante bien.
34. Como no. Es la que baila con José.
35. ¿Cuál? ¿La hija de Gómez?
36. ¡Oiga! ¿Conoce esa chica?

   *(NOTE: Formal restrictions indicate that personal <u>a</u> is required in
       this sentence. To avoid confusing the student, <u>a esa chica</u>
       has been reduced to <u>esa chica</u>. This is justified on the
       basis that in normal, <u>uninterrupted</u> speech the <u>a</u> is frequently
       elided so that one hears /¿conocesachica?/ as frequently as
       /¿Conoceaesachica?/. Compare this with ¿Conoce a <u>aquella chica</u>?
       which is frequently spoken as /¿Conoceaquellachica?/. However,
       there is no elision in sentences like ¿Conoce a José? Therefore,
       it would be wise not to make any transforms of <u>¿Conoce esa chica?</u>
       until after personal <u>a</u> is learned in Unit 17.)

The following are models of the kind of questions which can be asked at this stage. These are suggested for use at the conclusion of this Unit.

1. ¿Cómo está Sánchez?

2. ¿Dónde está José?

3. ¿Y qué tal José?

4. ¿José baila con esa chica?

5. ¿José baila con esa chica en su oficina?

6. ¿Esa chica es la hija de Sánchez?

7. ¿Dónde está esa chica?

8. ¿Ud la conoce?

9. ¿Esa chica es la hija de Gómez o de Sánchez?

10. ¿Dónde baila José con la chica?

UNIT 5

Introduction. Page 47.

   1.   No. 1: mañana   No. 2: mañanuh (2)

   2.   No. 1: oficinuh   No. 2: oficina (2)

   3.   No. 1: chica   No. 2: chicuh (1)

   4.   baila (2)   baila ... (2)

   5.   que (1)   baila (1)   que ɓaila (2)

   6.   la que ɓaila (2)   la que ɓaila ... (2)

   7.   bastante (1)   bien (1)   bastante ɓien (2)

   8.   bastante ɓien (2)   bastante ɓien ... (2)

   9.   đo (3)

  10.   -áđo (3)

  11.   -áđa (3)

(p. 48)

  12.   -áđa (2)   -áđa ... (2)

  13.   casađa (2)   casađa ... (2)

  14.   /pæhk/   /park/   /pahk/ (1)

  15.   A: /yama/ (3)

          B: /ḷama/ (3)

          C: /žama/ (3)

  16.   ¿Cómo se llama? (3)

  17.   éri (3)

  18.   éra (3)

  19.   téra (3)

  20.   soltera (3)

  21.   soltera (2)   soltera ... (2)

  22.   soltera (2)   soltera ... (2)

(p. 49)

  23.   No. 1: solteruh   No. 2: soltera (2)

  24.   No. 1: solteruh   No. 2: soltera (2)

25. No. 1: Noruh   No. 2: Nora (2)   pero (1)   pero ... (2)

26. soltera (2)   soltera ... (2)   nora (1)   nora ... (2)

27. nora (2)   nora ... (2)   maría (1)   maría ... (2)

28. claro (2)   claro ... (2)   mayor (1)   mayor ... (2)

29. Mári (4)

30. mári/marí (2)   Unit 5. Dialog. Page 52.

31. marí (2)   marí ... (2)   Review. Repeat the following phrases at

32. marí (2)   marí ... (2)   the speed that you hear them.

33. maría (4)   ¡Hola! ¿Como está? (2)

34. maría (2)   maría ... (2)   Bien. ¿Y usted? (2)

35. mayóra (4)   Así-así (2)

36. mayóra (2)   mayóra ... (2)   ¿Dónde está Sánchez? (2)
                                              En su oficina. (2)
(p. 50)   ¡Hola, Sánchez! ¿Qué tal? (2)

37. mayóra (2)   mayór (3)   Bastante bien. ¿Y usted? (2)

38. mayóra (2)   mayór (3)   Bien. ¿Cuándo es la fiesta? (2)

39. mayóra (1)   mayóra ... (2)   Mañana. (2)

     mayór (1)   mayor ... (3)   ¡¿Mañana?! (2)

40. pero (3)   Sí. A las cinco. (2)

41. pero/bero (3)   En la fiesta

42. pero/bero (3)   ¡Oiga, Sánchez! (2)

43. bero (2)   bero ... (2)   ¿Usted conoce esa chica? (2)

44. bero   bero ...   pero (1)   ¿Cuál? (2)
     pero... bero... pero...(1)
     bero... pero...   La que baila con José. (2)

45. pero (1) pero ... (2)   Como no. La-conozco (2)

46. pero/p'ero (3)   Es la hija de Gómez. (2)

47. pero/p'ero (2)

48. pero/p'ero (2)

49. No. 1: pero   No. 2: p'ero   (2)

(p. 51)

50. pero (1)   pero ... (3)

51. casada (1)   casada ... (2)

     soltera (1)   soltera ... (2)

     claro (1)   claro ... (2)

Unit 5. Dialog. Comprehension and Identification Tests.

   Comprehension: lines 19 and 20.

Really? What's her name?	ESSESS ESS SS ESS S
Her name's Nora.	ESSESS SSS ESS SS S

   Identification Test No. 1: lines 19 and 20.

¿Ah, sí? ¿Cómo se llama?	X X XX X	(=5)
Se llama Nora.	XX X X X	(=5)

   Comprehension: lines 19, 20, 21.

Really? What's her name?	ESS SS S
Her name's Nora.	ESS SS S S
But -- isn't she married?	ESSESS ESS SSES SSESS

   Identification Test No. 2: lines 19, 20, 21.

¿Ah, sí? ¿Cómo se llama?	X X X X X	(=5)
Se llama Nora.	X X X X X X	(=5)
Pero- ¿no es casada?	X X X X X	(=6)

   Comprehension: lines 19, 20, 21, and 22.

Really? What's her name?	SS S
Her name's Nora.	S S
But -- isn't she married?	SS **S**
No. Nora is single.	ESSESS SESS SESS SS

   Identification Test No. 3: lines 19, 20, 21, and 22.

¿Ah, sí? ¿Cómo se llama?	X X X X	(=4)
Se llama Nora.	X X X	(=3)
Pero -- ¿no es casada?	X X X X X	(=5)
No. Nora es soltera.	X X X X X	(=5)

   Comprehension: lines 21, 22, and 23.

But -- isn't she married?	SS SS S
No. Nora is single.	SES S S S
The married one is María.	ESSESS ESS ESS SS S

   Identification Test No. 4: lines 21, 22, and 23

Pero -- ¿No es casada?	X X X X	(=4)
No. Nora es soltera.	X X X X	(=4)
La casada es María.	X X XX X X	(=6)

Comprehension: lines 21, 22, 23, and 24.

But -- isn't she married?	S	S
No. Nora is single.	SS	
The married one is María.	SESS	S S
Of course. María is the older one.	ESSESS ESS SSESS SESS	

Identification Test No. 5: lines 21, 22, 23, and 24.

Pero -- ¿no es casada?	X X X X	(=4)
No. Nora es soltera.	X X X X	(=4)
La casada es María.	X X X X X X	(=6)
Claro. María es la mayor.	X X X X XX	(=6)

Identification Test No. 6: all lines.

¿Ah, sí? ¿Cómo se llama?	X X X X	(=4)
Se llama Nora.	X X X X	(=4)
Pero -- ¿no es casada?	X X X X	(=4)
No. Nora es soltera.	X X X X	(=4)
La casada es María.	X X X X X	(=5)
Claro. María es la mayor.	X X X X X	(=5)

End of Step 1.

Unit 5. Dialog. Step 2: Pronunciation.

(a) ah(2)   sí (2)   ¿Ah, sí? (2)   como (2)   se (2)   cómo se (2)
     ¿Ah, sí? Cómo se (2)   lla-(2)   -ma (2)   llama (2)   Cómo se llama (2)
     ¿Ah, sí? ¿Cómo se llama? (3)

(b) se llama (2)   Nora (4)   Se llama Nora. (3)

(c) pe-(2)   pero (3)   no (2)   pero ... no (2)   es (2)   pero -- no es (2)
     ca- (2)   sa- (2)   casa- (2)   -da (2)   casada (3)   -sada (3)
     casada (3)   Pero -- ¿no es casada? (3)

(d) no. (2)   Nora (2)   No. Nora (2)   es (2)   No. Nora es (2)   sol- (2)
     te (2)   solte (2)   soltera (4)   No. Nora es soltera. (4)

(e) La- (2)   La casada (2)   es (2)   La casada es (2)   Ma- (2)   Marí (4)
     a (2)   María (3)   La casada es María.(4)

(f) cla- (2)   claro (3)   Claro. María (2)   es (2)   Claro. María es (3)
     la (2)   Claro. María es la (2)   ma- (2)   yor (4)   mayor (4)   Claro.
     María es la mayor. (4)

Unit 5. Dialog. Step 3: Fluency.
         (Use normal, but not fast, speed.)

         ¿Ah, sí? ¿Cómo se llama? (3)
            Se llama Nora. (3)
            Pero -- ¿no es casada? (3)
            No. Nora es soltera. (3)
            La casada es María. (3)
            Claro. María es la mayor. (3)

Unit 5. Dialog. Step 4: Participation.

         Participation A.
            ¿Ah, sí? ¿Cómo se llama?
               S-------------
            Pero -- ¿no es casada?
               No. N----------------
               La c-------------------
            Claro. María es la mayor.

         Participation B. You are to begin by saying, 'Really? What's her
         name?' Begin now.
            ¿Ah, ------------------------?
               Se llama Nora.
            Pero, ----------------------
               No. Nora es soltera.
               La casada es María
            Claro. M---------------------

Unit 5. Practice 1. Page 54.   Unit 5. Practice 1. Page 54.
Part A.   Part B.

   No. 1 hablamos/hablo   No. 1 hablamos (2)
   No. 2 tomamos/tomo   No. 2 canto (2)
   No. 3 tragamos/trago   No. 3 doblo (2)
   No. 4 casamos/caso   No. 4 mandamos (2)
   No. 5 dejamos/dejo   No. 5 bajo (2)
   No. 6 cantamos/canto   No. 6 dejo (2)
   No. 7 doblamos/doblo   No. 7 dejamos (2)
   No. 8 mandamos/mando   No. 8 casamos (2)
   No. 9 domamos/domo   No. 9 trago (2)
   No.10 bajamos/bajo   No.10 tomo (2)

Unit 5. Practice 2. Page 55.   Unit 5. Practice 2. Page 55.
Part A.   Part B.

   1. hablo/hablé   6. domo/domé   1. hablo   6. domo
   2. tomo/tomé   7. mando/mandé   2. tomé   7. mando
   3. caso/casé   8. doblo/doblé   3. casé   8. doblé
   4. trago/tragué 9. canto/canté   4. trago   9. canté
   5. bajo/bajé   10.dejo/dejé   5. bajé   10. dejé

Unit 5. Practice 3. Page 56.
Part A.

1. canto/cantó   a. cantó
2. caso/casó   b. casó
3. doblo/dobló   c. dobló
4. dejo/dejó   d. dejó

Unit 5. Practice 3. Page 57.
Part B.

1. ¿Cantó?/Canté   6. ¿Domó?/Domé.
2. ¿Habló?/Hablé.   7. ¿Mandó?/Mandé.
3. ¿Tomó?/Tomé.   8. ¿Dobló/Doblé·
4. ¿Casó?/Casé.   9. ¿Cantó?/Canté·
5. ¿Tragó?/Tragué.   10.¿Dejó?/Dejé·

Unit 5. Practice 3.   Page 57.
Part C.

1. ¿Cantó?   6. Domé·
2. Hablé·   7. ¿Dobló?
3. ¿Tomó?   8. Canté.
4. ¿Casó?   9. Mandé·
5. Tragué.   10.¿Dejó?

Unit 5. Practice 4. Page 57.
Part A.

Examples: a. ¿Habló ... (Hablé) ... Hablé.
           b. ¿Tomó? ... (Tomé) ... Tomé.
           c. ¿Casó? ... (Casé) ... Casé.

1. ¿Habló? ... Hablé.   6. ¿Domó? ... Domé.
2. ¿Tomó? ... Tomé.   7. ¿Mandó? ... Mandé.
3. ¿Casó?... Casé.   8. ¿Dobló? ... Doblé.
4. ¿Tragó? ... Tragué.   9. ¿Cantó? ... Canté.
5. ¿Bajó? ... Bajé.   10.¿Dejó? ... Dejé.

Unit 5. Practice 4. Page 58.
Part B.

Examples: a. ¿Habló? ... Sí, hablé.
           b. ¿Tomó? ... Sí, tomé.

1. ¿Habló? ... Sí, hablé.   6. ¿Domó? ... Sí domé.
2. ¿Tomó? ... Sí, tomé.   7. ¿Mandó? .. Sí mandé·
3. ¿Casó? ... Sí, casé.   8. ¿Dobló? .. Sí doblé.
4. ¿Tragó? ... Sí, tragué.   9. ¿Cantó? .. Sí canté.
5. ¿Bajó? ... Sí, bajé.   10.¿Dejó? ... Sí dejé.

Unit 5. Variations. Page 58. Comprehension.

1. ¡Oiga, Sánchez!	31. Claro. María es casada.
2. ¡Oiga, María!	32. Claro. Nora es la que baila con Jos
3. ¿Dónde está Gómez?	33. Como no. Nora es la hija de Gómez.
4. ¿Dónde está María?	34. No. María es la mayor.
5. ¿Ah, sí? La conozco.	35. Sí. Nora es la soltera.
6. Es la hija de Gómez.	36. La mayor es María.
7. Es Nora.	37. ¿La mayor es María?
8. Como no. ¿Cómo se llama?	38. ¿La soltera es Nora?
9. Se llama Nora.	39. María está en su oficina.
10. ¿Se llama Nora?	40. Nora está en la fiesta.
11. Sí, se llama Nora.	41. Claro. La mayor está en la fiesta.
12. ¿Cuál? ¿La que baila con José?	42. María es la hija de Gómez.
13. ¿Cuál? ¿La que baila con Gómez?	43. María es la hija mayor.
14. ¿Cuál? ¿La casada?	44. María es la hija casada.
15. No. La soltera.	45. Nora es la hija soltera.
16. Pero .. ¿No es casada?	46. Nora no es la hija mayor.
17. Pero .. ¿No es soltera?	47. Es la hija de Gómez.
18. Pero .. ¿Cómo se llama?	48. Es la hija mayor de Gómez.
19. Pero .. ¿No es María?	49. María es la casada.
20. ¿María? ¿La que baila con José?	50. María es casada.
21. No. La soltera.	51. Nora es la soltera.
22. ¿Nora es soltera?	52. Nora es soltera.
23. ¿Nora es casada?	53. María es la mayor.
24. No. La casada es María.	54. María es mayor.
25. La casada no es Nora.	55. María es la hija de Gómez.
26. María es la casada.	56. María es la hija mayor.
27. Nora no es casada.	57. María es la hija casada.
28. Nora es soltera.	58. Nora es la hija soltera.
29. Nora es la soltera.	59. Nora no es la hija casada; es la hija soltera.
30. Claro. La mayor es María.	60. María es la casada y la mayor.

The following are models of the kind of questions which
can be asked at this stage.   These are suggested for use at the
conclusion of this Unit.

1. ¿Nora es la soltera?

2. ¿María es la casada?

3. ¿Cuál Nora está en la fiesta? ¿La hija de Gómez o la
    hija de Sánchez?

4. ¿Dónde está José?

5. ¿Cómo está José? ¿Así así o bien?

6. ¿Cómo se llama la hija de Gómez?

7. ¿Cuál es mayor, María o Nora?

8. ¿Cuál es casada?

9. ¿La casada baila con José?

10. ¿La soltera está en la fiesta?

UNIT 6

Introduction. Page 61.

Review.

1.   1. Aficina   2. oficinuh   3. oficina (1)
2.   1. swoficina   2. swaficina   (1)
3.   1. p'ero   2. pero   (1)
4.   a. casada (1)   casada ... (2)
        b. soltera (1)   soltera ... (2)
        c. claro (1)   claro ... (2)
        d. pero (1)   pero ... (2)
        e. Nora (1)   Nora .... (2)
        f. María (1)   María ... (2)
        g. mayor (1)   mayor ... (2)

New material.

5.   -eđá- (2)   -eđá- ... (2)
6.   queđarse (2)   quedarse ... (2)
7.   (Falling intonation:) ¿Por qué? (2)   ¿Por qué?... (2)

(p. 62)

8.   ¿Por qué? / (monotone:) porque (2)
9.   porque (1)   porque ... (2)
10.   quiero (2)   quiero ... (2)
11.   quiere (2)   quiere ... (2)
12.   salir (2)   salir ... (2)
13.   temprano (2)
14.   1. ára (1)   ára ... (3)
        2. pára (1)   pára ... (3)
        3. pará (1)   pará ... (3)
        4. p(uh)rá (1)   p(uh)rá ... (3)
        5. prá (1)   prá ... (3)

        6. temprá (1)   temprá ... (3)
        7. temprano (1)   temprano ... (3)
    15.   gracias (2)
    16.   1. -ára (1)   -ára ... (3)
           2. gára (1)   gára ... (3)
           3. garâ (1)   garâ ... (3)
           4. g(uh)rá (1)   g(uh)rá ... (3)
           5. grá (1)   grá ... (3)
           6. gracias (1)   gracias ... (3)
(p. 63)
    17.   traje (2)
    18.   1. -ára (1)   -ára ... (3)
           2. tára (1)   tára ... (3)
           3. tará (1)   tará ... (3)
           4. t(uh)rá (1)   t(uh)rá ... (3)
           5. trá (1)   trá ... (3)
           6. traje (1)   traje ... (3)
    19.   pwe- (4)
    20.   1. pwe- / 2. pu-e (3)
    21.   pwe- (1)   pwe- ... (3)
    22.   pweðe (1)   pweðe ... (3)
    23.   a. caro   b. carro (2)
    24.   a. caro   b. carro (2)
    25.   c. pero   d. perro (2)
    26.   kar- (1)   kar- ... (3)
    27.   ka-rr (4)
    28.   ka-rr (2)   ka-rr ... (2)
(p. 64)
    29.   ka-rr (2)   ka-rr ... (2)
    30.   pe-rr (2)   pe-rr ... (2)
    31.   ca-rro (2)   ca-rro...(2)
    32.   carro (2)   carro ... (2)
    33.   carro (2)   carro ... (2)

34.   perro (2)   perro ... (2)

35.   perro (3)

36.   1. cero   2. cerro (2)

37.   perro (3)

38.   1. perra   2. pera (2)

39.   1. moro   2. morro (2)

40.   puede (1)   puede ... (2)

      quedarse (1)   quedarse ... (2)

      ¿Por qué? (1)   ¿Por qué? ... (2)

      porque (1)   porque ... (2)

      traje (1)   traje ... (2)

(p.65)

      temprano (1)   temprano ... (2)

      quiero (1)   quiero ... (2)

      quiere (1)   quiere ... (2)

      salir (1)   salir .... (2)

      ir (1)   ir ... (2)

      gracias (1)   gracias ... (2)

      carro (1)   carro ... (2)

Unit 6. Dialog. Page 66.

Review. Repeat the following as often as you hear them and at the speed you hear them.

      ¡Hola! ¿Cómo está? (1)
         Bien. ¿Y usted? (1)
      Así-así.   (1)
      ¿Dónde está Sánchez? (1)
         En su oficina   (1)

      ¡Hola, Sánchez! ¿Qué tal? (2)
         Bastante bien. ¿Y usted? (2)
      Bien. ¿Cuándo es la fiesta? (2)
         Mañana.   (2)
      ¡¿Mañana?!   (2)
         Sí. A las cinco.   (2)

```
            ¡Oiga, Sánchez!              (2)
            ¿Usted conoce esa chica?     (2)
               ¿Cuál?                    (2)
            La que baila con José.       (2)
               Como no.  La conozco.     (2)
               Es la hija de Gómez.      (2)

            ¿Ah, sí? ¿Cómo se llama?     (2)
               Se llama Nora.            (2)
            Pero -- ¿no es casada?       (2)
               No. Nora es soltera.      (2)
               La casada es María.       (2)
            Claro.  María es la mayor.   (2)
```

Unit 6. New material.

Step 1: Comprehension and Identification Tests.

   Comprehension: lines 25 and 26.

```
Are you planning to stay here?     ESS   ESSESS      SESS    SS
Well, only until 8:00.                   ESS     ESSESS    SESS SS
```

   Identification Test No. 1: lines 25 and 26.

```
¿Usted piensa quedarse aquí?       XX  X  XX X                    (=6)
Pues, solo hasta las ocho.            XX XX  X X                  (=6)
```

   Comprehension: lines 25, 26, and 27.

```
Are you planning to stay here?     SS          ESS          SS
Well, only until 8:00.                 SS  S       ESS        SS
Why?                                     ESS ESS      SSESS      SS
```

   Identification Test No. 2: lines 25, 26, and 27.

```
¿Usted piensa quedarse aquí?       X      X     XX               (=4)
Pues, solo hasta las ocho          X  X   X     X                (=4)
¿Por qué?                          XX   XX X   XX X              (=8)
```

   Comprehension: lines 27 and 28.

```
Why?                               SS     S      S
Because I didn't bring my car.     ESSESS SESSES SSESS
```

   Identification Test No. 3: lines 27 and 28.

```
¿Por qué?                          XX  X X  X                    (=5)
Porque no traje mi carro.          XX X XX XX                    (=7)
```

Identification Test No. 4: lines 25, 26, 27, and 28.

¿Usted piensa quedarse aquí?	X XX X	(=4)
Pues, solo hasta las ocho.	X XX X X	(=5)
¿Por qué?	X X X X X	(=5)
Porque no traje mi carro.	X X X X X	(=5)

Comprehension: lines 28 and 29.

Because I didn't bring my car.	SS ESS SS
And I want to leave early.	ESSESS ESSESS SSESS

Identification Test No. 5: lines 28 and 29.

Porque no traje mi carro.	XX X XX	(=5)
Y quiero salir temprano.	XXX X XX	(=6)

Comprehension: lines 28, 29, and 30.

Because I didn't bring my car.	SS S
And I want to leave early.	SS S
If you want to, you can go with me.	ESSESS SESS SESESS

Identification Test No. 6: lines 28, 29, and 30.

Porque no traje mi carro.	X X X X X	(=5)
Y quiero salir temprano.	X X X X	(=4)
Si quiere, usted puede ir conmigo.	XX X X X X X	(=7)

Comprehension: lines 29, 30, and 31.

And I want to leave early.	S S
If you want to, you can go with me.	SS S S S
Thanks. I accept your invitation.	ESSESS ESS SES SESS

Identification Test No. 7: lines 29, 30, and 31.

Y quiero salir temprano.	X X X X	(=4)
Si quiere, usted puede ir conmigo.	X XX X	(=4)
Gracias. Acepto su invitación.	XX X XX X	(=7)

Identification Test No. 8: lines 25 through 31.

¿Usted piensa quedarse aquí?	X	X	(=2)
Pues, solo hasta las ocho.	X X	X	(=3)
¿Por qué?	X X	X X	(=4)
Porque no traje mi carro.	XX	X X	(=4)
Y quiero salir temprano	X X X X X		(=5)
Si quiere, usted puede ir conmigo.	X X	X X X	(=5)
Gracias. Acepto su invitación.	XX	X X	(=3)

End of Step 1: Comprehension.

(Use normal-slow speed.)

(a) Unit 6. Dialog. Step 2: Pronunciation.

usted (2)   pien (2)   -sa (2)   piensa (3)   usted piensa (3)   que-(2)

-dar (2)   quedarse (3)   usted piensa quedarse (3)   a-(2)   -quí (2)

aquí (2)   ¿Usted piensa quedarse aquí? (3)

(b) Pues (3)   so- (2)   -lo (2)   solo (2)   Pues, solo (3)   has- (2)

-ta (2)   hasta (2)   Pues, solo hasta (3)   las (2)   Pues, solo hasta las(2)

o- (2)   -cho (2)   ocho (2)   las ocho (3)   Pues, solo hasta las ocho. (3)

(c) Por (2)   qué (2)   ¿Por qué? (3)

(d) Porque (2)   no (2)   Porque no (2)   tra- (3)   -je (3)   traje (3)

Porque no traje (3)   mi (2)   Porque no traje mi (2)   carro (3)   Porque

no traje mi carro. (3)

(e) y (2)   quie- (2)   quiero (3)   y quiero (2)   sa- (2)   -lir (2)   salir (2)

Y quiero salir (2)   tem- (2)   -pra (2)   temprá- (2)   -no (2)   temprano(3)

Y quiero salir temprano.

(f) si (2)   quie- (2)   quiere (2)   Si quiere (3)   usted (2)   /pwe-/ (2)

-de (2)   puede (2)   Si quiere, usted puede (3)   ir (3)   Si quiere, usted

puede ir (3)   con- (2)   -mi (2)   /kommi-/ (3)   conmigo (2)   Si quiere,

usted puede ir conmigo. (4)

(g) gracias (2)   a- (2)   -cep-(2)   acep- (2)   -to (2)   acepto (3)   Gracias.

Acepto (3)   su (2)   in- (2)   -bi (2)   /imbi/ (2)   /swimbi-/ (2)   -ta (2)

/swimbita-/ (2)   -ción (2)   /swimbitación/ (3)   Gracias. Acepto (2)   su

invitación (2)   Gracias. Acepto su invitación. (3)

Unit 6. Dialog. Step 3: Fluency.

Repeat everything you hear at the speed you hear it.
(Use normal, but not fast, speed.)

¿Usted piensa quedarse aquí? (2)
    Pues, solo hasta las ocho. (2)
    ¿Por qué? (2)
Porque no traje mi carro. (2)
Y quiero salir temprano. (2)
    Si quiere, usted puede ir conmigo (2)
Gracias. Acepto su invitación . (2)

(Repeat above, same manner)

Unit 6. Dialog. Step 4: Participation.

Participation A:

¿Usted piensa quedarse aquí?
    P ----, --------------------.
    ¿P-- ---?
Porque no traje mi carro.
Y quiero salir temprano.
    Si ------, ----------------------.
Gracias. Acepto su invitación.

Participation B.

This time, you are to begin by saying, 'Do you plan to stay here?'
Begin now:

¿U-------------------------?
    Pues, solo hasta las ocho.
    ¿Por qué?
P----------------------.
Y q--------------------.
    Si quiere, usted puede ir conmigo.
G-------. A--------------------.

Unit 6. Review Practice.   Page 68.

Examples:
        a. ¿Habló? ... Sí, hablé.
        b. ¿Tomó? ... Sí, tomé.
        c. ¿Mandó? ... Sí, mandé.

1. ¿Habló? ... Sí, hablé.   6. ¿Dobló? ... Sí, doblé.
2. ¿Tomó? ... Sí, tomé.   7. ¿Tragó? ... Sí, tragué.
3. ¿Mandó? ... Sí, mandé.   8. ¿Casó? .... Sí, casé.
4. ¿Cantó? ... Sí, canté.   9. ¿Dejó?..... Sí, dejé.
5. ¿Domó? .... Sí, domé.   10. ¿Bajó? .... Sí, bajé.

Unit 6. Practice 1. Page 68.

Part A.

1. ¿Habló? No, no hablé.
2. ¿Tomó? No, no tomé.
3. ¿Mandó? No, mandé.
4. ¿Cantó? No, no canté.

Part B. (Requires two voices.)

1. ¿Habló?	No, no hablé ...	6. ¿Dobló?	Sí, doblé...
2. ¿Tomó?	No, no tomé ...	7. ¿Tragó?	Sí, tragué ...
3. ¿Mandó?	Sí, mandé	8. ¿Casó?	No, no casé ...
4. ¿Cantó?	No, no canté ...	9. ¿Dejó?	Sí, dejé ...
5. ¿Domó?	No, no domé	10. ¿Bajó?	No, no baje...

Unit 6. Practice 2. Page 69.

1. ¿Domó? ... Sí, domé.
2. ¿Cantó? ... Sí, canté.
3. ¿Mandó? ... Sí, mandé.
4. ¿Habló? ... Sí, hablé.
5. ¿Tomó? ... Sí, tomé.

Unit 6. Practice 3. Page 69.

1. ¿Domó? ...   No, no domé.
2. ¿Cantó? ...   No, no canté.
3. ¿Mandó? ...   No, no mandé.
4. ¿Habló? ...   No, no hablé.
5. ¿Tomó? ....   No, no tomé.

Unit 6. Practice 4. Page 70.

1. ¿Bajó? ... Sí, bajé.
2. ¿Dejó? ... no, no dejé.
3. ¿Casó? ... no, no casé.
4. ¿Tragó?... Sí, tragué.
5. ¿Dobló? .. no, no doblé.
6. ¿Domó? ... Sí, domé.
7. ¿Cantó?... Sí, canté.
8. ¿Mandó? .. No, no mandé.

9. ¿Habló? .... No, no hablé.
10. ¿Tomó? .... Sí, tomé.
11. ¿Tapó? ..... Sí, tapé.
12. ¿Buscó? .... no, no busqué.
13. ¿Sacó? ..... no, no saqué.
14. ¿Pegó? ..... no, no pegué.
15. ¿Pagó? ..... Sí, pagué.

Unit 6. Comprehension. Page 70.

(Allow a short comprehension pause after each one.)

1. Pero, ¿no es casada?   2. La que baila con José.   3. Pero, la que baila con José -- ¿no es casada?   4. ¿Ah, sí? ¿Cómo se llama?   5.¿Usted piensa quedarse aquí?   6. Y quiere salir temprano.   7. Quiero salir temprano. 8. No quiero salir temprano.   9. Porque no traje mi carro.   10. Porque traje mi carro.   11. Porque no quiero salir temprano.   12. Pues, solo hasta las ocho.   13. Pues, porque no quiero salir temprano.   14. Pues, porque no quiero salir.   15. Pues, porque quiero salir mañana.   16. Pues, porque no quiero salir con José.   17. Pues, porque no quiero salir hasta las ocho.

18. ¿Usted piensa quedarse aquí? ¿Por qué? 19.¿Usted quiere quedarse aquí? ¿Por qué? 20. ¿Usted piensa ir mañana? 21. ¿Usted piensa ir conmigo? 22. ¿Usted quiere ir conmigo? 23.¿Usted quiere quedarse conmigo? 24.¿Usted quiere salir con José? 25. ¿Usted quiere ir con Gómez? 26. ¿Usted piensa quedarse con Gómez? 27. Gracias -- pero no traje mi carro. 28. Gracias. Acepto su invitación. 29. Claro. Porque no traje mi carro. 30. Claro. Porque no traje mi invitación. 31. Claro. Quiero salir temprano. 32. Claro. Quiero salir a las ocho. 33. Claro. María es la mayor. 34. Claro. Nora no es la casada. 35. María es la hija de Gómez. 36. La casada es María. 37. María es la casada. 38. María es la hija. 39. La soltera es Nora. 40. Nora no es la casada; es la soltera. 41. Nora es soltera. 42. Nora es la soltera. 43. Pero María es casada, María es la casada. 44. María no es soltera; es casada. 45. María es la mayor. 46. María es mayor. 47. Nora no es la mayor; no es mayor. 48. Nora no es la casada; es la soltera. 49. Sí, claro. Quiero ir con usted. 50. Sí, claro. Quiero ir a la fiesta.

The following are models of the kind of questions which can be asked at this stage. These are suggested for use at the conclusion of this Unit.

1. ¿Cómo se llama la hija mayor de Gómez?

2. ¿Cómo se llama la hija casada de Gómez?

3. Pero, ¿La soltera está en la fiesta?

4. ¿Cómo se llama Ud.?

5. ¿Ud. es casada(-o) o soltera(-o)?

6. ¿Dónde piensa quedarse Sánchez?

7. ¿Por qué piensa quedarse hasta las cinco?

8. ¿Ud. sólo quiere ir con Nora?

9. ¿Ud. quiere ir en mi carro?

10. ¿Cuál chica piensa salir con Ud.?

UNIT 7

Introduction. Page 73.

Writing awareness. Part 1.

1. la (3)
2. la (2)
3. ma (2)
4. ma (2)
5. fa (2)
6. sa (2)
7. lo (3)
8. lo (2)
9. lo/low (2)

(p. 74)

10. mo (2)
11. so (2)
12. fama (2)
13. mala (2)
14. masa (2)
15. mosa (2)
16. malo (2)
17. solo (2)
18. sola (2)
19. me/se/le (1)
20. se (2)
21. fe (2)
22. me (2)

(p. 75)

23. se (2)
24. mese (2)
25. mele (2)
26. meli (2)

27. mese (2)
28. 1.meli   2.mele (1)
29. mesa (2)
30. mase (2)
31. mole (2)
32. se (2)
33. se (2)
34. sa (2)
35. mesa (2)

(p. 76)

36. mese (2)
37. 1.mesi   2.mese (1)
38. 1.mesa   2.mesuh (2)
39. que (3)
40. busque (2)
41. márquez (2)
42. (no voice)
43. quema (2)
44. saque (2)
45. queme (2)
46. quemo (2)
47. clase/c'lase (2)

(p. 77)

48. 1.c'laro   2.claro (2)
49. dónde/está/dóndestá (2)
50. sala/de clase/sala de clase (2)
51. usted
52. casada (2)

53. usted (2)   casada (2)

54. (no voice)

55. seda (2)

56. donde (2)

57. quedarse (2)

(p. 78)

58. puede (2)

59. Es la hija de Gómez (3)

(60, 61, 62, 63: no voice)

64. que (2)

65. qui (2)

66. qui (2)

67. aquí (2)

68. quinta (2)

69. quiso (2)

(p. 79)

70. equivalente (3)

END OF INTRODUCTION, UNIT 7.

Unit 7. Dialog. Page 79.

Review.   Repeat everything you hear at the speed you hear it.

(Use normal-fast speed)

¡Oiga, Sánchez! ¿Usted conoce esa chica? (2)
    ¿Cuál? (2)
La que baila con José (2)
    Como no. La conozco. (2)
    Es la hija de Gómez. (2)
¿Ah sí? ¿Cómo se llama? (2)
    Se llama Nora. (2)
Pero -- ¿no es casada? (2)
    No. Nora es soltera. (2)
    La casada es María. (2)
Claro. María es la mayor. (2)
    ¿Usted piensa quedarse aquí? (2)
Pues, solo hasta las ocho. (2)
    ¿Por qué?
Porque no traje mi carro. (2)
Y quiero salir temprano. (2)
    Si quiere puede ir conmigo. (2)
Gracias. Acepto su invitación. (2)

Unit 7. Dialog. Page 81.

Since in this Unit we are beginning a different procedure, be sure to read the instructions for each Step on pages 79 and 80.

Step 1. Close your book and listen.

Estamos en la sala de clase.   (1) ESSESS
¿Dóndestamos?   (2) ESSESS
¿Dóndestá? (usted)   (3) (No emphasis on 'you'.) ESSESS
Estoy en la sala de clase.   (4) ESSESS

Y usted, ¿dóndestá?	(5) ESSESS
También estoy aquí.	(6) (I'm also here.) ESSESS
¿Dóndestán Sánchez y Gómez?	(7) ESSESS
Están en la oficina.	(8) ESSESS
¿Dondestán usted y Jones?	(9) ESSESS
Estamos aquí, en la clase.	(10) ESSESS

   Relisten to the previous section of sentences several times befcre going to the next part.

   Step 1: Comprehension check.
(Repeat the above lines in the same order using 'S ... E' procedure.)

   Rework this comprehension check several times before going on to Step 2.

Unit 7. Dialog.

   Step 2. Pronunciation: book closed.
Repeat aloud everything you hear.
(Use normal-slow speed.)
(Read each line -- including build-ups--two times: S...S... in the sequence that they occur in the text.)

Unit 7. Dialog

   Step 3. Fluency. Book closed.
(Use normal speed.)
(Read each full, underlined sentence twice: S... S...)
Rework Step 3 a few times before going on to Step 4.

Unit 7. Dialog.

   Step 4. Participation. Book open or closed. If open cover the Spanish side and look only at the English side.
   In Participation A, your instructor's voice will play the role of 'Instructor' and you are to supply the student roles.

   Participation A.
      (Read as in previous participations.)

   Participation B.
      You are the Instructor now. Begin by saying 'We're in the classroom. Where are we?'. Begin now.

      (Read as usual).

Unit 7. Practice 2. Page 85.

1. ¿Terminó? .... Sí, terminé.	9. ¿Preparó? .....No, no preparé.
2. ¿Preparó? .... Sí, preparé.	10. ¿Recomendó? ...Sí, recomendé.
3. ¿Recomendó?... No, no recomendé.	11. ¿Preparó? .....No, no preparé.
4. ¿Confirmó? ... Sí, confirmé.	12. ¿Recomendó? .. Sí, recomendé.
5. ¿Terminó? .... No, no terminé.	13. ¿Terminó?..... No, no terminé.
6. ¿Confirmó? ... No, no confirmé.	14. ¿Recomendó?... No, no recomendé.
7. ¿Preparó?..... Sí, preparé.	15. ¿Preparó?..... Sí, preparé.
8. ¿Confirmó?.... No, no confirmé.	16. ¿Terminó?..... Sí, terminé.

Unit 7. Practice 3. Page 85.

(Read the above 16 questions -- only the questions -- using lo-, and then supply the English meaning: S? ... E?)

Unit 7. Practice 4. Page 86.

(Use same questions of Practice 2, but give response according to indications in Practice 4. Use lo in both the questions and the answer.)

Unit 7. Comprehension. Page 86.

1. Estamos aquí.   2. Estamos en la fiesta.   3. Estamos aquí, en la fiesta. 4. Estamos aquí, en la oficina.   5. Estamos aquí, en su oficina.   6. Estamos aquí, en su clase.   7. Y usted, ¿está en la fiesta?   8. No, no estoy en la fiesta.   9. Estoy en la oficina.   10. Sí, estoy en la fiesta.   11. Sí, estoy en su oficina.   12. No, no estoy en su clase.   Sí, estoy en la fiesta también.   14.¿Dónde están María y Nora?   15. María y Nora están en la fiesta.   16. Sanchez está en la fiesta también.   17. María es casada; no es soltera.   18. Nora es soltera; no es casada.   19. María es la casada, y Nora es la soltera.   20. ¿Por qué quiere salir temprano?   21. Porque quiero salir temprano.   22.¿Por qué quiere ir temprano?   23. Porque quiero ir temprano.   No, no traje mi carro.   25. Sí, como no.   Traje mi carro. 26. Claro. Traje mi carro.   27. Gracias, pero traje mi carro.   28. Gracias, acepto su invitación.   29. Gracias, acepto su carro.   30. ¿Cuándo es la fiesta? ¿Mañana?   31. Sí, es mañana.   32. ¿Dónde es la fiesta?   33. Aquí en la oficina.   34.¿Dónde están María y Nora?   35. Aquí, en la clase. 36. ¿Usted piensa quedarse aquí?   37. Sí pero solo hasta las ocho. 38. ¿Usted piensa salir temprano?   39. Sí, a las ocho.   40. ¿Cuándo piensa salir?   41. Mañana a las ocho.   42. ¿Usted piensa ir conmigo?   43. Sí. ¿Cuándo? ¿Mañana?   44. Sí mañana a las ocho.   45. Si quiere, puede ir

conmigo.   46. Gracias.   Quiero ir con usted.   47. Si quiere, puede salir
conmigo.   48. Gracias, pero quiero salir con Jones.   49. Si quiere   puede
quedarse aquí.   50. Si quiere, puede quedarse aquí en la oficina.   51. Si
quiere, puede quedarse aquí en la oficina hasta las ocho.   52. ¿Cómo se
llama esa chica?   53. ¿Cuál? La que baila con José?   54. Sí, la que baila
con José.   55. Se llama Nora.   Es soltera; no es casada.

UNIT 8

Unit 8.   Introduction. Page 91.

Writing awareness. Part 2.

   1. me (2)

   2. se (10) (allow time for writing.)

   3. le...(10)(allow time for writing.)

   4. sa (2)

   5. sa ... (10) (Allow time for writing.)

   6. ma ... (10) (Allow time for writing.)

   7.   1. ma ... (2) (Allow time for writing.)

          2. me ... (2) (Allow time for writing.)

          3. sa ... (2) (Allow time for writing.)

          4. se ... (2) (Allow time for writing.)

          5. le ... (2) (Allow time for writing.)

          6. la ... (2) (Allow time for writing.)

          7. mesa ..(2) (Allow time for writing.)

          8. mese ..(2) (Allow time for writing.)

          9. mase ..(2) (Allow time for writing.)

          10. mele ..(2) (Allow time·for writing.)

   8. qué (2)

   9. (no stress) laque (2)

   10. aquí

   11. oficina

   12. clase

   13. 1/síya/ (2)   2. /síḷa/ (2)   3. /siža/ (2)

   14. 1/síya/ (1)   2. /síḷa/ (1)   3. /siža/ (1)

   15. liβro (3)

(p. 93)

   16. liβro (2)   liβro... (2)

   17. liβro (2)

   18. liβro (1)   liβro ... (3)

19. /síļa/ (2)

20. /siža/ (2)

21. /síya/ (2)

(22 and following numbers: no voice).

Unit 8. Dialog. Page 95.

Review.   Repeat everything you hear at the speed you hear it.

          (Use normal fast speed.)

¿Ah sí? ¿Cómo se llama? (2) --- Se llama Nora (2) --- Pero --¿no es casada?
(2)--- Pero---¿no es casada? (2) --- No. Nora es soltera. (2) --- La casada
es María. (2) --- Claro. María es la mayor. (2) --- ¿Usted piensa quedarse
aquí? (2) --- Pues solo hasta las ocho. (2) --- ¿Por qué? (2) --- Porque no
traje mi carro. (2) --- Y quiero salir temprano. (2) --- Si quiere, puede
ir conmigo. (2) --- Gracias. Acepto su invitación. (2) --- Estamos en la sala
de clase. (2) --- ¿Dónde estamos? (2) --- Estamos en la sala de clase. (2) ---
¿Dónde está? (2) --- Estoy en la sala de clase. (2) --- Y usted, ¿dónde'está?
(2) --- También estoy aquí, en la sala de clase. (2) --- ¿Dónde están Sánchez
y Gómez? (2) --- Están en la oficina. (2) --- ¿Dónde están usted y Jones? (2)
--- Estamos aquí. en la clase. (2)

Unit 8. Dialog. New material. Page 96.

Be sure you work each Step according to the instructions.

Step 1. Dialog for meaning. Book closed.
         (Read each full utterance -- i.e. the underlined phrases -- as follows
         for each one: ESSESS.)
         Rework the preceding section several times before going on to the next
         part.
         Step 1: check on meaning.
         (Read each full utterance S ... E)

Unit 8. Dialog.

Step 2. Dialog for pronunciation. Book closed.
         (Read each line -- i.e. including build-ups -- as follows: S ... S...)
         Dialog for reading. Rework Step 2 a few times with book open.

Unit' 8. Dialog.

Step 3. Dialog for fluency. Book closed.
         (Read each underlined utterance at normal, but not fast, speed as
         follows: S ... S ...)

Unit 8. Dialog.

   Step 4. Participations.

      Participation A: Your instructor's voice will play the role of instructor. You are to fill in the student role. (Read as usual.)

      Participation B: You are to play now the role of the instructor. Begin by saying, 'What's this?' Begin now: (Read as usual.)

Unit 8. Practice 2. Page <u>98</u>.

1. terminaron ... (2)	terminamos ...	(2)
2. prepararon ... (2)	preparamos ...	(2)
3. recomendaron ... (2)	recomendamos ...	(2)
4. confirmaron ... (2)	confirmamos ...	(2)

Unit 8. Practice 3. Page <u>98</u>.

1. ¿Terminaron?	Sí, terminamos.
2. ¿Preparon? ...	Sí, preparamos.
3. ¿Recomendaron? ...	Sí, recomendamos.
4. ¿Confirmaron? ...	Sí, confirmamos
5. ¿Tomaron? ...	Sí, tomamos.
6. ¿Bajaron? ...	Sí, bajamos.
7. ¿Buscaron? ...	Sí, buscamos.
8. ¿Domaron? ...	Sí, domamos.
9. ¿Dejaron? ...	Sí dejamos.
10. ¿Hablaron? ...	Sí, hablamos.
11. ¿Cantaron? ...	Sí cantamos.
12. ¿Pagaron? ...	Sí, pagamos.
13. ¿Saltaron? ...	Sí, saltamos.
14. ¿Contaron? ...	Sí, contamos.
15. ¿Gastaron?	Sí, gastamos.

Unit 8. Practice 4. Page <u>99</u>.

      (Use same questions of Practice 3, but deny in the answer: 'No, no terminamos', etc.)

Unit 8.   Practice 5. Page <u>99</u>.

(Using <u>lo</u>, ask the same questions of Practice 3 and reply according
to the text. Since Practice 3 contains only 15 verbs, add the
following:)

16.	¿Lo mandaron?	No, no lo mandamos.
17.	¿Lo casaron?	No, no lo casamos.
18.	¿Lo sacaron?	Sí, lo sacamos.
19.	¿Lo treparon?	Sí lo trepamos.
20.	¿Lo pescaron?	No, no lo pescamos.

Unit 8.   Practice 6. Page <u>99</u>.

(Read in <u>numerical</u> order, <u>not</u> as shown by the listings.)

1. Tell me that <u>you</u>	finished it	Lo terminé.
5. "	prepared it	Lo preparé.
9. "	recommended it ...	Lo recomendé.
13. "	confirmed it ...	Lo confirmé.
2. Tell me that <u>you</u> and <u>your</u> <u>friend</u>	finished it ...	Lo terminamos.
6. "	prepared it ...	Lo preparamos.
10. "	recommended it ...	Lo recomendamos.
14. "	confirmed it ...	Lo confirmamos.
3. Tell me that <u>I</u>	finished it ...	Lo terminó.
7. "	prepared it ...	Lo preparó.
11. "	recommended it ...	Lo recomendó.
15. "	confirmed it ...	Lo confirmó.
4. Tell me that <u>me</u> and <u>my</u> <u>friend</u>	finished it ...	Lo terminaron.
8. "	prepared it ...	Lo preparon
12. "	recom nded it ...	Lo recomendaron
16. "	conf: :d it ...	Lo confirmaron

Unit 8. Practice 7. Page 99.

(Again, read in numerical order.)

1. Tell me that you	finished it ...	Lo terminé.
5. "	prepared it ...	Lo preparé.
9. "	recommended it ...	Lo recomendé.
13. "	confirmed it ...	Lo confirmé.

2. Tell me that you and your friend	prepared it ...	Lo preparamos.
6. "	recommended it ...	Lo recomendamos.
10. "	confirmed it ...	Lo confirmamos.
14. "	finished it ...	Lo terminamos.

3. Tell me that I	recommended it ...	Lo recomendó.
7. "	confirmed it ...	Lo confirmó.
11. "	finished it ...	Lo terminó.
15. "	prepared it ...	Lo preparó.

4. Tell me that me and my friend	confirmed it ...	Lo confirmaron.
8. "	finished it ...	Lo terminaron.
12. "	prepared it ...	Lo preparon.
16. "	recommended it ...	Lo recomendaron.

Unit 8. Comprehension. Page 99.

1. María y Nora están en la fiesta. 2. ¿Dónde están María y Nora, en la fiesta o en la oficina? 3. Están en la fiesta. 4. Sánchez y Gómez están en la oficina. 5. ¿Dónde están Sánchez y Gómez, en la fiesta o en la oficina? 6. Están en la oficina. 7. ¿Dónde están Bill y Jones? 8. Están en la clase. 9. María y Nora están conmigo. 10. Sánchez y Gómez están con Jones. 11. ¿Dónde están usted y Jones? 12. Estamos en la clase. 13. ¿Dónde están usted y Jones, en la clase o en la oficina? 14. Estamos en la sala de clase. 15. Gracias, acepto su invitación. 16. Gracias, acepto su carro. 16. ¡Oiga, Sánchez! Si quiere, puede ir

conmigo.   17. ¡Claro! Puede ir conmigo, si quiere.   18. ¡Claro! Puede

quedarse aquí, si quiere.   19. Como no. Puede quedarse aquí conmigo, si

quiere.   20. Nora no puede salir conmigo.   21. Nora no quiere salir conmigo.

22. ¡Como no! ¡Claro! Pero -- no traje mi carro.   23. ¿Dónde está usted?

24. Estoy aquí, en mi carro.   25. Estoy en la fiesta, pero -- quiero salir

temprano.   26. No, gracias, no quiero salir temprano.   27. ¿Por qué?

Porque no quiero salir a las ocho.   29. Pues, solo hasta las ocho.

30. Pues, solo hasta mañana.   31. ¿Usted piensa quedarse aquí?   32.¿Aquí?

No. En la clase.   33. ¿Aquí? No. María está en la fiesta.   34. ¿Usted

piensa salir conmigo?   35. ¿Con usted? No. Con Sánchez.   36. ¿Dónde

está usted, en la oficina?   37. ¿En la oficina? No. En la sala de clase.

38. Estoy aquí en la sala de clase.   39. ¿Y usted y Sánchez?   40. También

estamos en la sala de clase.   41. ¿Aquí en la clase? No. Aquí no. En la

oficina.   42. ¿Dónde está Gomez? ¿En su oficina?   43. ¿En su oficina? No.

Está aquí conmigo.   44. ¿Qué es esto? ¿Una silla?   45. ¿Una silla? No.

Una mesa.   46. ¿Qué es esto? ¿Una mesa?   47. Una mesa, no. Un carro.

48. ¿Es esto una mesa o una silla?   49. Una silla no. Una mesa.   50. ¿Es

esto un libro?   51. Sí, eso es un libro.   52. No, eso no es un libro; es

una mesa.   53. ¿Esto o eso?   54. Eso.   55. Pues, eso es una silla.

UNIT 9

Unit 9. Introduction. Page 103.

   Writing awareness. Part 3.

1. a. me (1)	f. saque (2)
b. mesa (2)	g. seḍa (2)
c. oficina (2)	h. pueḍe (2)
d. que (2)	i. Si quiere (2)
e. quema (2)	j. acepto (2)

2. a. esto ... (2) (Wr.)	f. una silla ... (2) (Wr.)
b. oficina ... (2) (Wr.)	g. un liḅro ... (2) (Wr.)
c. pueḍe ... (2) (Wr.)	h. saque ... (2) (Wr.)
d. casada ... (2) (Wr.)	i. buscamos ... (2) (Wr.)
e. estoy ... (2) (Wr.)	j. acepto ... (2) (Wr.)

(p. 104)

New material.

3. buenos (2)	27. así (2)
4. buenos/bu-enos (2)	28. José (2)
5. 1. bu-enos/2. buenos (2)	29. pápa (2)
6. buenos/buenuhs (2)	30. pápa (2)
7. buenuhs (2)	31. mesa (2)
8. 1. buenuhs/ 2. buenos (2)	(p. 107)
9. días (2)	32. esto (2)
10. buenoșḍías (3)	33. silla (2)
11. buenoșḍías (3)	34. Libro (2)
(12 through 21: no voice)	35. libró (2)
22. terminó (2)	36. salí (2)
23. preparó (2)	37. sále (2)
24. recomendó (2)	38. 1. terminó (2) 2. termíno (2)
25. recomendé (2)	39. 1. tengo (2) 2. subí (2)
26. está (2)	40. papá

9.1

        41. pápa (2)

        42. terminó (2)

        43. termíno (2)

(p. 108)

        44. a...casa (2)

            b...casó (2)

            c...dame (2)

            d...naďo (2)

            e...colé

Unit 9. Dialog. Page 108.

Review. Repeat everything you hear at the speed you hear it.
        (Read each full utterance of dialogs 6, 7, and 8 as follows: S... S...)

Unit 9. Dialog.

    Step 1: Dialog for meaning. Book closed.
            (Read each full utterance -- including En la clase -- as follows:
            ESSESS.)

    Step 1: Check on meaning. Book closed.
            (Again, read each full utterance, but as follows: S... E...)

Unit 9. Dialog.

    Step 2. Pronunciation. Book closed.
            (Read each line -- including build-ups -- as follows: S... S...
            Don't forget to include En la clase.)

Unit 9. Dialog.

    Step 3. Fluency.
            (Read each full utterance -- i.e. each underlined statement -- as
            follows: S... S... Use normal, but not fast, speed.)

Unit 9. Dialog.

    Participations.

    Participation A.
            (Read as usual. Do not try to include En la clase.)

    Participation B.
            You are to begin by saying, 'Good morning!' Begin now.
            (Read as usual.)

                                9.2

Unit 9. Practice 2. Page 112.

1. americano	6. casas	11. mesas	16. profesor
2. americanos	7. gente	12. grabadoras	17. papeles
3. ustedes	8. usted	13. secretaria	18. instructores
4. americana	9. mesa	14. teléfonos	19. chicas
5. libros	10. libro	15. estudiantes	20. enfermos

Unit 9. Practice 3. Page 112.

Part 1 a: (Read from left to right.)

casa   lata   carta   costa   corta   pastilla   novela

bonita   cosita   helada.

Part 1 b: (Read from left to right.)

caso   peso   pasto   lado   daño   helado   bonito

castaño   porteño   hermano.

Part 2 a: (Read by pairs.)

casa/caso   costa/costo   novela/hermano   pastilla/helado

Part 2 b: (Read as follows: S... E. 'E' should be either 'something feminine' or 'something masculine')

1. casa	2. lata	3. costo	4. lado
5. carta	6. cosita	7. porteño	8. pastilla
9. pasto	10. hermano	11. puerta	12. castaño
13. cosecha	14. novia	15. trapo	16. grabadora
17. carro	18. portamoneda	19. antesala	20. mediterráneo

Unit 9. Practice 4. Page 112.

Part 1.

(Read in pairs. Be sure un or una is read as an article and not as a numeral: una CAsa, not UNA casa.)

casa/una casa	lado/un lado
carta/una carta	trapo/un trapo
lata/una lata	caso/un caso
tapa/una tapa	peso/un peso

Part 2.

(Be sure to maintain un/una as articles. Read down, and as follows:
S ... E. 'E' should be either '<u>a</u> something masculine' or '<u>a</u> something feminine'.)

una casa	una cosita	una puerta	una grabadora
una lata	un porteño	un castaño	un carro
un costo	una pastilla	una cosecha	un lobo
un lado	un pasto	una novia	una antesala
una carta	un hermano	un trapo	un relampago

Part 3.

(Read 'casa ... una casa' making sure the <u>un</u> or <u>una</u> is read as an article.)

casa   lata   carta   trapo   costo   costa   lado   daño   caso

tapa   lobo   pasa   paso   novela   porteño   hermoso   pastilla

trigueña   hermano   hermana.

Unit 9. Practice 5. Page 113.

Part 1.

(Read ¿Lo (terminó)? ... and respond in English, 'No, I didn't (finish) it. Bill (finished) it.' Be sure to emphasize 'I' and 'Bill'.)

1. ¿Lo terminó?	6. ¿Lo recomendó?	11. ¿Lo preparó?
2. ¿Lo preparó?	7. ¿Lo terminó?	12. ¿Lo recomendó?
3. ¿Lo confirmó?	8. ¿Lo preparó?	13. ¿Lo confirmó?
4. ¿Lo recomendó?	9. ¿Lo confirmó?	14. ¿Lo preparó?
5. ¿Lo preparó?	10. ¿Lo terminó?	15. ¿Lo recomendó?

Part 2.

(Read same questions of Part 1. The response is no, yo no lo (terminé) José lo terminó. Do not emphasize yo since the point here is that its inclusion in a sentence equals emphasis.)

Part 3.

(Read same questions of Part 1 in plural. The response is in English: 'No, we didn't (finish) it; Jane and Jill (finished) it!')

Part 4.
(Read same questions of Part 1 but in the plural as in Part 3. The response this time is <u>no</u>, <u>nosotros no lo</u> (terminamos); <u>María y Nora</u> lo (terminaron). Do not emphasize <u>nosotros</u> for the same reason that <u>yo</u> was not emphasized.

You already know the word <u>yo</u> <u>usted</u>, and <u>ustedes</u>. For this practice you will need to use a new word: <u>nosotros</u>. <u>Nosotros</u> is the word 'we'

Examples: (Read slowly)

¿Lo terminaron?   No, nosotros no lo terminamos.

María y Nora lo terminaron.

¿Lo prepararon?   No, nosotros no lo preparamos.

María y Nora lo terminaron.

Unit 9. Practice 6. Page <u>114</u>.

Part 1.

1. Ask me if I finished it ....   <u>¿Lo terminó?</u>

2. Ask me if I prepared it ....   <u>¿Lo preparó?</u>

3. Ask me if I recommended it .....   <u>¿Lo recomendó?</u>

4. Ask me if I confirmed it ....   <u>¿Lo confirmó?</u>

5. Get Bill's attention, and ask
   him if he confirmed it ....   ¡O<u>iga, Bill</u>! <u>¿Lo confirmó?</u>

6. (Same but with 'prepare'.)

7. (Same but with 'recommend'.)

8. (Same but with 'finish'.)

9. (Use FQ intonation.)
   Get Nora's attention, and
   ask her if she and María
   prepared it.   ¡Oiga, Nora! <u>¿Usted y María lo</u>
                                     <u>preparon?</u>

10. (Same but with 'recommend'.)

11. (Same but with 'confirm'.)

12. (Same but with 'finish'.)

13. Ask me if José finished it...   ¿José le terminó?

14. (recommend)

15. (confirm)

16. (prepare)

Part 2.

1. Ask me if José finished it ...   ¿José lo terminó?

2. Tell me that Nora finished it ...   Nora lo terminó.

3. Tell me that María prepared it ...   María lo preparó.

4. Ask me if María recommended it ...   ¿María lo recomendó?

5. Deny that you finished it ...   No, no lo terminé.

6. Now, again deny that you finished
   it, but also accuse José of having
   finished it: ....   No, yo no lo terminé. José lo
                                            terminó.

Let us do No. 5 and No. 6 again:

5. Simply deny that you finished it: No, no lo terminé.

6. And now, deny that you finished it,
   and accuse José: ....   No, yo no lo terminé. José lo
                                            terminó.

7. Deny that José prepared it ...   No, José no lo preparó.

8. Deny that Nora prepared it ....   No, Nora no lo preparó.

9. Deny that Nora prepared it, and
   accuse José........   No, Nora no lo preparó, José
                                            lo preparó.

10. Deny that Sánchez finished it, and
    accuse María.   No, Sánchez no lo terminó, María
                                            lo terminó.

11. Ask María if she recommended it ...   María, ¿lo recomendó?

12. Ask María if José finished it ...   María, ¿José lo terminó?

13. Ask me if they prepared it ...   ¿Lo prepararon?

14. Ask me if they confirmed it ...   ¿Lo confirmaron?

15. Ask me if they recommended it ...   ¿Lo recomendaron?

16. Ask me if José and I recommended it   ¿Usted y José lo recomendaron?

17.   "   prepared it ...   ¿Usted y José lo preparon?

18.   "   finished it ...   ¿Usted y José lo terminaron?

19.   "   confirmed it ...   ¿Usted y José lo confirmaron?

20. Accuse me and José of having
    finished it ....   Usted y José lo terminaron.

21. Accuse me and José of having
    prepared it .....   Usted y José lo preparon.

22. Accuse me and José of having
    recommended it ...   Usted y José lo recomendaron.

Unit 9. Comprehension. Page <u>114</u>.

1.¿Cuándo? ¿Mañana?   2. Sí, la fiesta es mañana.   3. Y usted, ¿dónde está?
4. Estoy aquí, en la fiesta.   5.¿Dónde está José?   6.¿José? No está aquí.
7.¿José? Está en su oficina.   8.¿María? Está en la fiesta.   9. No, María
no está aquí. Está en la fiesta.   10.¿Usted piensa quedarse aquí?
11.¿María piensa quedarse aquí?   12.¿Su esposa piensa quedarse aqué?
13.¿Su profesor piensa quedarse aquí?   14. Sí, señor. Mi esposa piensa
quiedarse aquí.   15. Sí, señor. María piensa quedarse aquí.   16. No,
señor. María <u>no</u> piensa quedarse aquí.   17. No, señor. Nora <u>no</u> es casada;
es soltera.   18. No, señor. La casada es María.   19.¿Cuál? ¿La que baila
con José?   20. Sí, señor. La que baila con José es Nora.   21. Sí, señor.
Nora es la que baila con José.   22. La que baila con José es la hija de
Gómez.   23. La que baila con José es mi hija.   24. Mi hija es la que baila
con José.   25. Mi hija es americana.   26. Mi hija es americana; la que
baila con José es colombiana.   27.¡Oiga, Sánchez! ¿Conoce esa chica?
28. Cómo no. La-conozco.   29.¿José conoce esa chica?   30. Cómo no. José
la conoce.   31.¿Usted conoce esa chica?   32. Cómo no. La conozco. Es mi
hija.   33. Cómo no. La conozco. Es Nora.   34. Cómo no. La-conozco. Se-llama
Nora.   35. Gracias. Acepto su invitación.   36. Gracias. Acepto su silla.
37. Gracias. Acepto su libro.   38.¿Cómo se llama usted?   39. Me llamo Jones.
40.¿Cómo se llama su esposa?   41. Se llama Betty.   42.¿Su esposa es americar
o colombiana?   43. Es colombiana.   44. Y usted, ¿qué es?   45. Soy
colombiano también.

UNIT 10

Introduction. Page <u>119</u>.

Part 1. Practice.

1. a. carta ... (3)
   b. parte ... (3)
   c. corte ... (3)
2. a. carta (2) ...
   b. parte (2) ...
   c. corte (2) ...
3. a. tarde ... (3)
   b. borde ... (3)
   c. cordero ... (3)
4. a. tarde (2) ...
   b. borde (2) ...
   c. cordero (2) ...
5. a padre ... (3)
   b. madre ... (3)
   c. cuadro ... (3)

(p. <u>120</u>)

6. a. padre (2) ...
   b. madre (2) ...
   c. cuadro (2) ...
7. a. pero ... (2) perro... (2)
   b. caro...(2) carro...(2)
   c. para...(2) parra...(2)
8. a. pero(2)... perro(2)...
   b. caro(2)... carro(2)...
   c. para(2)... parra(2)...
9. a. perro...(2) rato...(2)
   b. parra...(2) ropa...(2)

10. a. ropa (2)...
    b. rata (2)...
    c. rico (2)...

Part 2. New material.

11. basto (2)
12. (Use <u>b</u>-) <u>v</u>asto (2)
13. basto/vasto (2)
(14. No voice)
15. a. ... basto (2)
    b. ... <u>v</u>asto (2)
    c. ... <u>v</u>aca (2)
    d. ... <u>v</u>erde (2)
    e. ... busque (2)
    f. ... <u>v</u>erde (2)
    g. ... <u>v</u>ino (2)
16. saβe (2) saβor (2)
(Page <u>122</u>)
17. paɣor (2) laɣe (2)
18. a. saβe/laɣe
    b. saβor/paɣor
(19 - 28 : No voice.)
29. las βocas (2) las ɣeces (2)
(30 - 34 : No voice.)
35. hoy (3)
(36. No voice.)
37. hoy (2) hoy ... (2)
(38 and 39 : No voice.)

40. hola (1) hola...(2)

(41 and 42: No voice.)

43. hasta (1) hasta...(2)

(44. No voice.)

45. ... hilo (2)

46. ... hoy (2)

Part 3. The written accent.

(47. No voice.)

48. papá (2)

(Page 125)

49. papá (2)

50. mesa (2)

51. lata (2)

52. tapa (2)

(53. No voice.)

54. peso (2)

(55. No voice.)

56. mavesa (2)

57. masa (2)

58. casé (2)

(59 and 60: No voice.)

(Page 126)

61. papel (2)

    costar (2)

    usted (2)

    señor (2)

    profesor (2)

62. marfil (2)

63. pastel (2)

64. sacar (2)

(65. No voice.)

66. necedad (2)

67. canal (2)

68. altar (2)

69. está (2)

70. tapa (2)

(Page 126)

71. defender (3)

72. defender/defuhnder (2)

73. defender ... (3)

74. 1. defuhnder/ 2. defender (2)

75. vender ... (3)

76. vuhnder/vender (2)

77. 1.vuhnder/ 2.vender (2)

78. o-fre-cer ... (2)

79. ofrecer ... (3)

80. per-mi-tir ... (3)

81. permitir ... (3)

82. de-ci-dir ... (3)

    re-ci-bir ... (3)

83. decidir ... (3) recibir ... (3)

84. defender ... (3)

    vender ... (3)

    ofrecer ... (3)

    permitir ... (3)

    decidir ... (3)

    recibir ... (3)

Unit 10. Dialog. Page <u>129.</u>

Review. (Read each full utterance -- i.e. the underlined phrases -- two times
         each of Units 7, 8, and 9. Use normal-fast speed.)

Unit 10. New dialog.

   Step 1. Comprehension. Book closed.
           (Read each full utterance as follows: ESSESS. Use normal-slow speed.)

   Step 1. Check for comprehension.
           (Using same normal-slow speed, read each full utterance S... E.)

Unit 10. Dialog.

   Step 2. Pronunciation. Book closed.
           (Read each line -- including build-ups -- as follows: S... S... Use
           normal-slow speed.)

Unit 10. Dialog.

   Step 3. Fluency. Book closed.
           (Read each full utterance as follows:
           S... S... Use normal, but not fast, speed.)

Unit 10. Dialog.

   Step 4. Participation.

   Participation A. (Read as usual.)

   Participation B. You are to begin by saying, 'Mr. Jones, did you study the
   lesson?' Begin now. (Read as usual.)

Unit 10. Practice 1. Page <u>132.</u>

   mandamos/mandar   llamamos/llamar

   buscamos/buscar   sentamos/sentar

   examinamos/examinar   casamos/casar

   acabamos/acabar   bajamos/bajar

   hablamos/hablar   tomamos/tomar

Unit 10. Practice 2. Page <u>132.</u>

   1. mandamos ... mandar   7. sentamos ... sentar

   2. buscamos ... buscar   8. quedamos ... quedar

   3. tomamos ... tomar   9. casamos ... casar

   4. acabamos ... acabar   10. bajamos ... bajar

   5. hablamos ... hablar   11. nadamos ... nadar

   6. llamamos ... llamar   12. cantamos ... cantar

13. terminamos ... terminar   15. confirmamos ... confirmar

14. recomendamos ... recomendar   16. preparamos ... preparar

Unit 10. Practice 3. Page 132.

terminar/terminamos   vivir/vivimos

preparar/praparamos   hablar/hablamos

comer/comimos   subir/subimos

vender/vendimos   conseguir/conseguimos

salir/salimos   perder/perdimos

Unit 10. Practice 4. Page 132. (Read: 'terminar' ...'terminamos')

1. terminar   2. preparar   3. comer   4. vender   5. salir   6. hablar

7. tomar   8. subir   9. coser   10. vivir   11. trepar   12. pedir

13. nadar   14. caer   15. oír

Unit 10. Practice 5. Page 133.

1. Ask me if I want to leave.   ¿Quiere salir?

2.   "   "   defend.   ¿   "   defender?

3.   "   "   sell   ¿   "   vender?

4.   "   "   offer   ¿   "   ofrecer?

5.   "   "   permit   ¿   "   permitir?

6.   "   "   decide   ¿   "   decidir?

7.   "   "   receive   ¿   "   recibir?

8. Now, ask me if I want to defend it: ¿Quiere defenderlo?

9.   "   "   sell it: ¿   "   venderlo?

10.   "   "   offer it: ¿   "   ofrecerlo?

11.   "   "   permit it: ¿   "   permitirlo?

12.   "   "   decide it: ¿   "   decidirlo?

13.   "   "   receive it: ¿   "   recibirlo?

14. Now, ask me if I want to defend it tomorrow: ¿Quiere defenderlo mañana?

15.   "   "   sell it   "   ¿   "   venderlo   "   ?

16.   "   "   offer it   "   ¿   "   ofrecerlo   "   ?

17.   "   "   permit it   "   ¿   "   permitirlo "   ?

18.   "   "   decide it   "   ¿   "   decidirlo   "   ?

19.   "   "   receive it   "   ¿   "   recibirlo   "   ?

20. Now ask me if I want to defend it at 5:00.   ¿Quiere defenderlo a las 5?

21. Now ask me if I want to sell it at 5:00: ¿Quiere venderlo a las 5?

22.   "   "   offer it tomorrow: ¿   "   ofrecerlo mañana?

23.   "   "   permit it at 5:00: ¿   "   permitirlo a las 5?

24.   "   "   decide it tomorrow: ¿   "   decidirlo mañana?

25.   "   "   receive it at 5:00: ¿   "   recibirlo a las 5?

26. Now, ask me if I want to defend it at 5:00 or tomorrow?

                              ¿Quiere defenderlo a las 5 o mañana?

27. Ask me if I want to sell it at 5:00 or tomorrow?

                              ¿Quiere venderlo a las 5 o mañana?

28. Ask me if I want to offer it at 5:00 or tomorrow?

                              ¿Quiere ofrecerlo a las 5:00 o mañana?

29. Ask me if I want to receive it at 5:00 or tomorrow?

                              ¿Quiere recibirlo a las 5 o mañana?

30. And, finally, ask me if I want to offer it tomorrow at 5:

                              ¿Quiere ofrecerlo mañana a las 5?

Unit 10. Practice 6. Page 133.

(Read all responses as Sí, quiero (salir) following a pause after the question.

1. ¿Quiere salir?   9. ¿Quiere ofrecerlo mañana a las 5:00?

2. ¿Quiere salir a las 5:00?   10. ¿Quiere defenderlo mañana?

3. ¿Quiere salir mañana?   11. ¿Quiere defenderlo a las 5:00?

4. ¿Quiere salir temprano?   12. ¿Quiere permitirlo mañana?

5. ¿Quiere salir temprano mañana?   13. ¿Quiere decidirlo temprano?

6. ¿Quiere venderlo?   14. ¿Quiere recibirlo mañana a las 5:00?

7. ¿Quiere venderlo mañana?   15. ¿Quiere recibirlo mañana temprano a

8. ¿Quiere ofrecerlo a las 5:00?   las 5:00?

Now, answer 'No' to the following:

16. ¿Quiere salir temprano?   20. ¿Quiere permitirlo mañana?

17. ¿Quiere defenderlo?   21. ¿Quiere decidirlo?

18. ¿Quiere venderlo?   22. ¿Quiere recibirlo?

19. ¿Quiere ofrecerlo?   23. ¿Quiere recibirlo a las 5:00?

You will now be asked when do you want to do something. Reply to all
questions that you want to do it at 5:00.

24. ¿Cuándo quiere salir?

25. ¿Cuándo quiere defenderlo?

26. ¿Cuándo quiere ofrecerlo?

27. ¿Cuándo quiere permitirlo?

28. ¿Cuándo quiere decidirlo?

29. ¿Cuándo quiere recibirlo?

30. This is the last one. Let your instructor know if you had any trouble with this one: ¿Cuándo quiere ir?

Unit 10. Practice 7. Page 134.
(Read with a following pause long enough to allow student to write the word el or la.)

1. ¿Cuándo es la fiesta?

2. ¿Dónde está la oficina?

3. No traje el carro.

4. No quiero recibir la invitación.

5. El profesor está aquí.

6. Nora es la casada.

7. ¿Dónde está la silla?

8. ¿Dónde está el americano?

9. ¿Dónde está la americana?

10. El colombiano no quiere decidirlo.

11. Carlos está en la clase.

12. No traje el libro.

13. José no quiere recibir la invitación.

14. José no quiere ir con el profesor.

15. María no quiere ir en el carro.

Unit 10. Practice 8. Page 134.
(Confirm by adding after a pause ¿Dónde está (la oficina)?)

1. oficina   2. carro.   3. libro   4. chica   5. hija   6. americano

7. colombiano   8. americana.   9. soltera   10. señor   11. hijo

12. invitación   13. lección   14. hospital   15. profesor   16. casada

17. americana   18. clase   19. esposa   20. señor   21. libro   22. mesa

23. silla   24. invitación   25. sala   26. hospital   27. chica

28. oficina   29. carro   30. clase   31. colombiano   32. colombiana

33. lección   34. clase   35. profesor   36. hijo   37. hija   38. clase
39. hospital   40. invitación.

Unit 10. Practice 9.   Page <u>134</u>.
(Announce the number, then pause long enough for the student to find the
item and make his response, then confirm with the nouns appearing below.
Read it down in the sequence shown. Be sure to read <u>un</u> and <u>una</u> as articles.)

1 ... una oficina	21 ... un hospital	14 ... un tiempo
9 ... una americana	2 ... una fiesta	22 ... un profesor
17 ... una lección	10 ... un americano	4 ... un libro
3 ... una chica	18 ... un hijo	12 ... un colombiano
11 ... una colombiana	8 ... una soltera	20 ... una clase
19 ... una sala	16 ... una invitación	7 ... una casada
5 ... un carro	24 ... una mesa	15 ... una esposa
13 ... un señor	6 ... una hija	23 ... una silla

Unit 10. Comprehension. Page <u>135</u>.

1. ¡Oiga, Jones! ¿Usted quiere recibir una invitación?
2. No, no quiero recibir una invitación. Quiero recibir un libro.
3. Buenos días, Sánchez. ¿Usted terminó con eso?
4. No, no terminé con eso. Quiero terminarlo mañana temprano.
5. Oiga, señor profesor. Quiero terminar la lección de hoy.
6. Usted no puede terminar la de hoy hasta las 5:00.
7. Tuve que llevar a-mi esposa al hospital.
8. Tuve que terminarlo temprano.
9. Tuve que recibirlo a las 5:00.
10. Tuve que defenderlo ayer.
11. Tuve que ofrecerlo ayer.
12. Tuve que recomendarlo al hospital.
13. Tuve que confirmarlo a las 5:00.
14. Gracias. Pero no tuve que venderlo.
15. Gracias. Pero no tuve que ir.
16. Gracias. Pero no tuve que permitirlo.
17. Gracias. Pero no tuve que decidirlo hasta las 5:00.
18. Señor profesor, ¿cuál es la lección de-hoy?
19. Señor profesor, ¿cuál es la lección de-mañana?

20. ¿La de hoy o la de mañana?

21. Pues, no quiero decidir eso.

22. Pues, no lo preparé, porque no tuve tiempo.

23. Pues, no lo terminé porque no tuve tiempo.

24. Pues, no estudié la lección de hoy porque no tuve tiempo.

25. ¡Claro! No estudié porque no tuve tiempo.

26. Señor Jones, ¿usted y su esposa son colombianos?

27. No, señor. Mi esposa y yo somos americanos. Los dos somos americanos.

28. ¿Usted quiere ir con José o conmigo?

29. Gracias. Quiero ir con usted.

30. ¡Oiga, Nora! ¿Usted es la hija de Gómez?

31. Sí, señor. Soy la hija de Gómez.

32. ¡Oiga, María! ¿Usted es la hija de Gómez?

33. Sí, señor. Soy la hija mayor de Gómez.

34. ¿Usted es casada?

35. Sí, señor. Soy casada. Pero Nora es soltera. Yo soy la casada, y Nora es la soltera.

36. ¡Oiga, José! ¿Usted es americano?

37. No, señor. No soy americano.

38. Señor, Jones! ¿Usted es colombiano?

39. No, señor. Soy americano y José es colombiano. Yo soy el americano, y José es el colombiano.

40. Yo soy María; soy casada; yo soy la casada y Nora es la soltera.

UNIT 11

Introduction. Page <u>139</u>.

   1. papá (2)

   2. marfil (2)

   3. papá (2)

   4. preparé (2)

   5. preparé (2)

   6. marfil (2)

   7. esmeril (2)

   8. esmeril (2)

(Page <u>140</u>)

   (9. No voice.)

  10. papel (2)

  11. viví (2)

  12. trabaja (2)

  13. cárcel (2)

  14. trabaja (2)

  (15. No voice.)

  16. Isabela (2)

  17. allá (2)

  18. papel (2)

  19. marfil (2)

(Page 141)

  20. esmeril (2)

  21. cárcel (2)

  22. nácar (2)

  23. fácil (2)

  (24. No voice.)

  25. 1. está (2)

      2. esta (2)

      3. árbol (2)

      4. canal (2)

(26 and 27: No voice.)

28. dígame (2)

    sáqueles (2)

    póngalos (2)

    véndaselo (2)

    mándemelos (2)

    súbasela (2)

(Page <u>142</u>)

  (29. No voice.)

30. 1.papel (2)   2.cárcel (2)

    3.saque (2)   4.pague (2)

    5.búsquemelos (2) 6.exámenes (2)

    7.cárceles (2)   8.pagué (2)

    9.marfil (2)   10.difícil (2)

    11.máscara (2)   12.mascára (2)

    13.mármol (2)

(Page <u>143</u>)

31. baño (4)

32. /bayño/ (2)

33. baño / bayño (2)

34. caña / cayña (2)

35. 1.bayño / 2.baño (2)

36. baño (1) baño ... (3)

37. (Use English accent:) 'cáda' (2)

38. cára (2)

(39. No voice)

40. cáda (2)

(41. No voice.)

42. 1... cada (1)   6 ... puedo (2)

    2... nada (2)   7 ... lodo (2)

    3... dado (2)   8 ... loro (2)

    4... caro (2)   9 ... estado (2)

    5... pudo (2)   10 ... unido (2)

Unit 11. Dialog. Page 144.

Review. Repeat the following phrases as often as you hear them and at the speed
        you hear them.
                (Read full utterances of dialogs 8, 9, and 10, twice each utterance,
        and at normal-fast speed.)

Unit 11. Dialog.

    Step 1. Comprehension. Book closed.
        (Read at normal speed using ESSESS for each full utterance.)

    Step 1. Comprehension check.
        (Read again, but use S...E on each full utterance.)

Unit 11. Dialog.

    Step 2. Pronunciation. Book closed.
        (Read each line --including build-ups-- as follows: S...S... at a normal-
        slow speed.)

Unit 11. Dialog.

    Step 3. Fluency. Book closed.
        (Read each full utterance twice, using S... S... and normal, but not
        fast, speed.)

Unit 11. Dialog.

    Step 4. Participation.
        Participation A. (Read as usual.)
        Participation B. You are to begin by saying, 'Really? What happened?'
        Begin now. (Read as usual.)

Unit 11. Practice 1. Page 146.
        (Read with this intonation: un CASO (suspended...) boNIto. Use this
        sequence: '1. un caso bonito ... masculine'. Confirmation will always
        be 'masculine' or 'feminine'.)

1. un caso bonito   2. un auto bonito   3. una marca bonita   4. una carta

preciosa   5. un delantal pintoresco   6. un guante verde   7. una suerte

mala   8. una prisa enorme   9. una semana interesante   10. un país interesante

11. un dentista famoso   12. un artista famoso   13. un violinista inteligente

14. una nariz roja   15. una pared blanca   16. una sal fina   17. un sábado divertido   18. un lugar pobre   19. una voluntad flexible   21. un dolor cansante.

Unit 11. Practice 3. Page 147.

(Read 'un LIBRO (suspended ...)', wait for student response, then confirm with same intonation: 'un LIBRO ... grande'.

1. un libro ... un libro grande

2. una fiesta ... una fiesta grande

3. una chica ... una chica alta

4. una mesa ... una mesa alta

5. un profesor ... un profesor alto

6. un hijo ... un hijo noble

7. una soltera ... una soltera bonita

8. una lección ... una lección grande

9. un hospital ... un hospital bonito

10. una oficina ... una oficina bonita

11. una invitación ... una invitación bonita

12. un profesor ... un profesor diferente

13. una lección ... una lección diferente

14. un tiempo ... un tiempo interesante

15. una silla ... una silla alta

Unit 11. Practice 5. Page 149.

Part 1.

1. ... a la oficina

2. ... de la oficina

3. ... de la oficina

4. ... a la fiesta

5. ... de la fiesta

6. ... de la fiesta

7. ... a la invitación

8. ... a la clase

9. ... al hospital

10. ... al hijo

11. ... del sofá

12. ... a la cabeza

13. ... de la cabeza

14. ... del niño

15. ... al niño

16. ... a la lección

17. ... de la lección

18. ... de la lección

19. ... del hospital

20. ... de la clase

21. ... del colombiano

22. ... de la colombiana

23. ... del libro   26. ... al carro
24. ... de la esposa   27. ... del libro
25. ... al profesor   28. ... al sofá

Unit 11. Comprehension. Page 150.

1. Quiero salir mañana.   2. José quiere salir mañana.   3. José quiere salir
en el carro grande.   4. José es alto, pero María no es alta.   5. La chica
alta está en la sala de clase.   6. El señor alto no está aquí hoy.
7. ¿Dónde está la silla grande?   8. ¿Quiere ir al hospital?   9.¿Nora quiere
ir a la fiesta también?   10. El niño se cayó del sofá.   11. Mi esposa se
siente mejor, gracias.   12. ¿La chica está aquí o en la fiesta?   13. ¿Usted
no estudió la lección?   14. No, no la estudié.   15. Tuve que llevar a mi
hijo al hospital.   16. Tuve que salir a las 5:00.   17. Tuve que ir a la sala
de clase.   18. Tuve que defenderlo a las 8:00.   19. Tuve que llevar a mi
esposa a la oficina.   20. Tuve que preparar la lección ayer.   21. ¿Mi esposa?
Sí, tuve que llevarla al hospital.   22. ¿Mi hija? Sí, hoy se-siente mejor,
gracias.   23. ¿Mi hija? Gracias, hoy está mejor.   24. Lo siento mucho, pero
el profesor no quiere defenderme.   25. Lo siento mucho, pero el profesor no
quiere recibirme en su oficina.   26. ¿Cómo se-siente el niño hoy? ¿Está
mejor?   27. Gracias. El niño se-siente muy bien hoy.   28. ¿Usted la conoce?
29. ¿Usted lo conoce?   30. ¿Usted me conoce?   31.¡No me diga! ¿Por qué 'no
la preparó?   32. ¡No me diga! ¿Usted no puede decidirlo hoy?   33. ¡No me
diga! ¿Usted no puede venderlo hoy?   34. ¡No me diga! ¿Usted no puede
venderme el carro grande?   35. ¿Usted estudió la lección de hoy? ¿Sí?...
¡Me alegro!   36. ¿Usted lo confirmó ayer? ¡Me alegro!   37. ¿Qué pasó?
¿Dónde está el profesor?   38.¿Qué pasó? ¿Usted no la preparó?   39. Y José ...
¿No estudió la lección de hoy?   40. No, el profesor no puede venderlo hasta
mañana.

Unit 11. Practice 6. Page 150.

¿Y José? ... Está en la sala de clase.

¿Y el profesor?   ...   Está en la sala de clase.

¿Y José y el profesor?   ...   Están en la sala de clase.

¿Y Nora?   ...   (etc.)

¿Y María?   ...   (etc.)

¿Y usted? ... ¿Y usted y José? ... ¿Y José y María? ... ¿Y yo? ... ¿ Y María
y yo? ... ¿Y usted y yo? ... ¿Y mi esposa y yo? ...   ¿Y usted? ...
¿Y ustedes? ... ¿Y usted y José? ... ¿Y Sánchez y yo? ...

Unit 11. Practice 7. Page <u>151</u>.

(Read and confirm, as for Practice 6, as follows: <u>¿Y José?.. Es americano.</u>
¿Y José? ... ¿Y el profesor? ... ¿Y Nora? ... ¿Y María? ... ¿Y la soltera? ...
¿Y la soltera? ... ¿Y la hija de Gómez? ... ¿Y el hijo de Sánchez? ...
¿Y la esposa de Gómez? ... ¿Y esa chica? ...   ¿Y usted? ... ¿Y usted y yo?...
¿Y usted y José? ... ¿Y Nora y María? ... ¿Y José y yo? ... ¿Y yo? ...
¿Y José y Nora? ... ¿Y José y María? ... ¿Y la esposa y la hija? ...
¿Y la esposa y el hijo? ... ¿Y yo? ... ¿Y yo? ... ¿Y usted? ...

UNIT 12

Introduction. Page 155.

(1-7: No voice.)

(Page 156.)

   8. además (2)

   (9-13: No voice.)

   14. examen (2)

(Page 157.)

   15. margen (2)

   (16-20: No voice.)

   21. 1.mió (2) 2.mío (2)

   22. 1.miá (2) 2.mía(2)

   23. 1.dió (2) 2. dío (2)

   24. 1.diá (2) 2. día (2)

(Page 158.)

   25. 1.léi (2) 2. leí (2)

   (26. No voice.)

   27. caíste (2)

   28. leíste (2)

   (29. No voice.)

   30. seis (2)

   31. diez (2)

   (32,33: No voice.)

   34. Mario (2)

   35. baúl (2)

(Page 159.)

   36. Raúl (2)

   37. cansa (2)

   38. auto (2)

   (39. No voice.)

   40. cuatro (2)

   (41-to end of Introduction: No voice.)

Unit 12. Dialog. Page 162.

Review. (Read full utterances at normal-fast speed from dialogs 9, 10, and 11.)

Unit 12. Dialog.

   Step 1. Comprehension. Book closed.
      (Read, as usual, full utterances: ESSESS. Use normal speed.)

   Step 1. Comprehension check.
      (Read same lines: S... E.)

Unit 12. Dialog.

   Step 2. Pronunciation. Book closed.
      (Read all lines --including build-ups-- using S... S... and normal-slow
      speed.)

Unit 12. Dialog.

    Step 3. Fluency. Book closed.
        (Read full utterances and normal, but not fast, speed using S... S...)

Unit 12. Dialog.

    Step 4. Participation.
        Participation A. (Read as usual.)
        Participation B. You are supposed to begin by saying, 'Mr. Clark, did
        you write the exercises?' Begin now. (Read as usual)

Unit 12. Practice 2. Page 165.
        (Read the noun, pause, and add response by saying the plural form
          with the definite article, as 'hospital ... los hospitales', etc.)

hospital   lección   clase   profesor   minuto   frase   cabeza   oficina

carro   niño   ejercicio   soltera   sala   señor   invitación   americano

americana   colombiano   colombiana   hijo   libro   esposa   silla   hija

Unit 12. Practice 4. Page 167.
        (Read as follows: ¿Lo defendió? ... (pause for student response) ...
        No, yo no lo defendí; José lo defendió.)

1.¿Lo defendió?	11.¿Lo preparó?	21.¿Lo recomendó?
2.¿Lo ofreció	12.¿Lo escribió?	22.¿Lo escribió?
3.¿Lo vendió?	13.¿Lo permitió?	23.¿Lo recibió?
4.¿Lo escribió?	14.¿Lo terminó?	24.¿Lo permitió?
5.¿Lo permitió?	15.¿Lo decidió?	25.¿Lo terminó?
6.¿Lo recibió?	16.¿Lo confirmó?	26.¿Lo preparó?
7.¿Lo decidió?	17.¿Lo vendió?	27.¿Lo decidió?
8.¿Lo defendió?	18.¿Lo defendió?	28.¿Lo defendió?
9.¿Lo vendió?	19.¿Lo terminó?	29.¿Lo recomendó?
10.¿Lo recomendó?	20.¿Lo confirmó?	30.¿Lo permitió?

Unit 12. Practice 5. Page 167.
        (Read English stimulus as it appears below, pause for student response,
        then confirm this response. Read with stress on the verb, not the
        subject.)

1. Tell me that you defended it. ....   Lo defendí.

2. Tell me that you wrote it. ....   Lo escribí.

3. Tell me that you permitted it. ......   Lo permití.

4. Tell me that you offered it. ....   Lo ofrecí.

5. Tell me that you decided it. ....   Lo decidí.

6. Tell me that you sold it.	Lo vendí.
7. Tell me that you received it.	Lo recibí.
8. Tell me that I defended it.	Usted lo defendió.
9. Tell me that I wrote it.	Usted lo escribió.
10. Tell me that I permitted it.	Usted lo permitió.
11. Tell me that I received it.	Usted lo recibió.
12. Tell me that I sold it.	Usted lo vendió.
13. Tell me that José sold it.	José lo vendió.
14. Tell me that José defended it.	José lo defendió.
15. Tell me that José defended them ...	José los defendió.
16. Tell me that José recommended them.	José los recomendó.
17. Tell me that José finished them ...	José los terminó.
18. Tell me that José defended her. ...	José la defendió.
19. Tell me that José defended them, that is María and Nora.	José las defendió.
20. Tell me that José received them, that is: María and Nora.	José las recibió.
21. Tell me that you defended them, that is: María and Nora:	Las defendí.
22. Tell me that you recommended them, that is María and Nora.	Las recomendé.
23. Tell me that you recommended them, that is Gómez and Sánchez.	Los recomendé.
24. Tell me that you defended them, that is Gómez and Sánchez.	Los defendí.
25. Tell me that you confirmed them, that is Gómez and Sánchez.	Los confirmé.
26. Tell me that you finished it, that is the book.	Lo terminé.
27. Tell me that you prepared it, that is the book.	Lo preparé.
28. Tell me that you finished it, that is the lesson.	La terminé.

12.3

29. Tell me that you prepared it, that
    is the lesson. ....   La preparé.

30. Tell me that you wrote it, that is:
    the lesson. ....   La escribí.

31. Tell me that you wrote it, that is:
    the book.   Lo escribí.

32. Tell me that you wrote them, that
    is: the lessons. ....   Las escribí.

33. Tell me that you wrote them, that is:
    the books. ....   Los escribí.

34. Tell me that you defended us ..... Los defendí.

35. Tell me that you received us ..... Los recibí.

36. Tell me that you recommended us. ... Los recomendé.

37. Tell me that you confirmed us. ..... Los confirmé.

38. Tell me that I confirmed you and
    your friend. ....   Usted nos confirmó.

39. Tell me that I recommended you and
    your friend. ....   Usted nos recomendó.

40. Tell me that I defended you and your
    friend. ....   Usted nos derendió.

41. Tell me that I received you and your
    friend. ....   Usted nos recibió.

42. Tell me that I defended you. ..... Usted me defendió.

43. Tall me that I received you. ..... Usted me recibió.

44. Tell me that I confirmed you. .... Usted me confirmó.

45. Tell me that I permitted you. .... Usted me permitió.

Unit 12. Practice 6. Page 167.

Example 1:
     ¿Usted vendió el carro? ..... Sí, lo vendí.

Example 2:
     ¿Usted defendió esa lección? ....: Sí, la defendí.

(Read as per the examples above.)

1. ¿Usted vendió el carro? ....   Sí, lo vendí.

2.¿Usted vendió la mesa? ...	Sí, la vendí.
3.¿Usted escribió los ejercicios? ...	Sí, los escribí.
4.¿Usted escribió las lecciones?	Sí, las escribí.
5.¿Usted escribió la invitación?	Sí, la escribí.
6.¿Usted recomendó el hospital?	Sí, lo recomendé.
7.¿Usted preparó la fiesta?	Sí, la preparé.
8.¿Usted vendió las mesas?	Sí, las vendí.
9.¿Usted recibió las sillas?	Sí, las recibí.
10.¿Usted permitió eso?	Sí, lo permití.
11.¿Usted escribió eso? ····	Sí, lo escribí.
12.¿Usted preparó eso? ·····	Sí, lo preparé.
13.¿Usted recibió esto anoche?	Sí, lo recibí anoche.
14.¿Usted terminó las clases anoche? ...	Sí, las terminé anoche.
15.¿Usted confirmó esto?	Sí, lo confirmé.
16.¿Usted defendió los libros?	Sí, los defendí.
17.¿Usted decidió eso ayer?	Sí, lo decidí ayer.
18.¿Usted vendió los carros ayer?	Sí, los vendí ayer.
19.¿Usted ofreció las lecciones hoy? ...	Sí, las ofrecí hoy.
20.¿Usted confirmó los libros hoy?......	Sí, los confirmé hoy.
21.¿Usted preparó las lecciones?	Sí, las preparé.
22.¿Usted recomendó el sofá?	Sí, lo recomendé.
23.¿Usted quiere recomendar la lección?....	Sí, quiero recomendarla.
24.¿Usted quiere terminar las lecciones?...	Sí, quiero terminarlas.
25.¿Usted quiere permitir eso?	Sí, quiero permitir eso.
26.¿Usted quiere ofrecer su carro?......	Sí, quiero ofrecerlo.
27.¿Usted quiere vender eso hoy?	Sí, quiero venderlo hoy.
28.¿Usted quiere recibir el libro hoy? ...	Sí, quiero recibirlo hoy.
29.¿Usted quiere terminar la clase ahora?..	Sí, quiero terminarla ahora.
30.¿Usted quiere terminar los libros hoy?...	Sí, quiero terminarlos hoy.

Unit 12. Comprehension. Page 168.

1. Oiga, Sánchez, ¿dónde está el señor Gómez?

2. Oiga, señor Clark ¿dónde están los ejercicios?

3. Oiga, Jones, ¿dónde están los ejercicios de hoy?

4. Los de hoy están en la mesa. 5. Los de ayer están en mi oficina.

,12.5

6. La lección de ayer está en la oficina del profesor.   7. La de ayer está
en la mesa del señor Sanchez.   8.¿Qué pasó? ¿Se cayó del sofá?   9. Sí,
y se lastimó la cabeza.   10.¿Qué pasó? ¿Se cayó de la silla?   11.¿Qué
pasó? ¿Usted no estudió la lección?   12. No, no la estudié porque no tuve
tiempo.   13. Señor Clark, ¿terminó los ejercicios?   14. No, no los terminé
porque no tuve tiempo.   15. Señor Clark, ¿Los ejercicios eran fáciles?
16. No muy fáciles; no entendí la frase número cuatro.   17. No entendí
la frase número cinco.   18. No entendí cinco frases.   19.¿Los ejercicios?
Los escribí todos en cinco minutos.   20.¿Los libros? Los recibí todos
ayer.   21.¿La lección de hoy? No es muy fácil.   22. ¿La lección de hoy?
No es tan fácil.   23. ¿El libro? No es tan fácil.   24.¿La frase número
ocho? No la entendí.   25.¿La frase número ocho? No la entiendo.   26. El
ejercicio seis no es muy fácil.   27. La lección de hoy no es muy fácil.
28. La lección de ayer era tan fácil.   29. La lección de ayer no era tan
fácil.   30. La soltera es alta.   31. La soltera no es tan alta.   32. La
soltera no era tan alta.   33. El profesor no era tan alto.   34. La mesa no
era tan grande.   35. El carro no era tan grande.   36. El carro no era muy
grande.   37. ¡Ya lo creo! Los preparé todos en diez minutos.   38. ¡Ya lo
creo! Los terminé todos en seis minutos.   39. ¡Ya lo creo! Los escribí en
cinco minutos.   40. ¿Cuál lección es la de hoy?   41. ¿Cuál lección es la
de mañana?   42.¿Cuál lección era la de ayer?   43. ¿Cuál lección era la
de hoy?   44.¿Usted es colombiano?   45.¿Usted era colombiano?   46.¿Usted
es colombiano o era colombiano?   47. Yo era colombiano, pero ahora soy
americano.   48. Nora y María eran colombianas, pero ahora son americanas.
49. Jones y Clark no eran altos cuando eran niños.   50. Gómez y Sánchez no
eran altos cuando eran niños.   51. Nora y María no eran altas cuando eran
niñas.   52. La soltera y la casada no eran altas cuando eran niñas.
53. Nora y María no eran altas cuando eran niñas, pero ahora son altas.
54. Jones y Clark no eran altos cuando eran niños, pero ahora son altos.
55. Usted era alto cuando era niño?   56. Oiga, Nora, ¿usted era alta cuando
era niña?   57.¿La casada es alta?   58.¿La casada era alta?   59.¿El
profesor era alto?   60. No, el profesor no era tan alto.

Unit 12. Practice 7. Page <u>169</u>.

      Model: <u>Los escribí todos ayer</u>.

      (Read: 1. defender ... Los defendí todos ayer.)

1. defender	4. ofrecer	7. terminar	10. confirmar
2. decidir	5. vender	8. preparar	11. estudiar
3. recibir	6. permitir	9. recomendar	12. escribir

Unit 12. Practice 8. Page <u>169</u>.

      Model: José ... <u>Los escribió todos anoche</u>.

      (Read same list, same manner as in Practice 7.   Do not repeat 'José' except in the model sentence.

UNIT 13

Introduction. Page 173.

    1. oficina/ahficina (2)

    (2. No voice.)

    3. /ĵéneral/(2) /ĵenerál/(2)   general (2)

    (4. No voice.)

    5. a./ ... con- ... (2)/   d. ... /pon- ... (2)/
        b. ... /don- ... (2)/   e. ... /lon- ... (2)/
        c. ... /son- ... (2)/   f. ... /ton- ... (2)/

(p. 174.)

    6. a. ... /nu- ... (2)/   c. ... /pu- ... (2)/
        b. ... /su- ... (2)/   d. ... /lu- ... (2)/

    7. a. ... /sur ... (2)/   d. ... /cun- ... (2)/
        b. ... /luz ... (2)/   e. ... /cul- ... (2)/
        c. ... /pun- ...(2)/   f. ... /dul- ... (2)/

    8. pwes/pu-es (2)   bweno/bu-eno (2)   cwesta/cu-esta (2)

    9. púa (2)   Saúl (2)

    10. a. ... /pues ... (2)/   e. ... /quan- ... (2)/
        b. ... /lue- ... (2)/   f. ... /púa ... (2)/
        c. ... /cuen- ...(2)/   g. ... /grúa ... (2)/
        d. ... /sue- ... (2)/

    11. in/ihn (2)

    12. a. ... /in- ... (2)/   e. ... /pin- ... (2)/
        b. ... /is- ... (2)/   f. ... /cin- ... (2)/
        c. ... /tin- ... (2)/   g. ... /o-fi-ci-na ... (2)/
        d. ... /sin- ... (2)/

    13. qui ... (Wr.) (10)

    14. cui- ... (Wr.) (10)

15. qui

16. cui-

17. 1. cui- ... (Wr.)   5. qui- ... (Wr.)   8. cui- ... (Wr.)
     2. cui- ... (Wr.)   6. qui- ... (Wr.)   9. qui- ... (Wr.)
     3. qui- ... (W⸱.)   7. qui- ... (Wr.)   10. cui- ... (Wr.)
     4. cui- ... (Wr.)

18. gue- (2)   gui- (2)

19. gui- ... (Wr.)

20. gue- ... (Wr.)

21. 1. gui- ... (Wr.)   5. gui- ... (Wr.)
     2. gue- ... (Wr.)   6. gui- ... (Wr.)
     3. gue- ... (Wr.)   7. gue- ... (Wr.)
     4. gue- ... (Wr.)   8. gui- ... (Wr.)

22. 1. ... /sin-(2)/   8. ... /u- (2)/   15. ... /au-(2)/
     2. ... /lis-(2)/   9. ... /fi-(2)/   16. ... /nis-(2)/
     3. ... /ti-(2)/   10. ... /ni-(2)/   17. ... /po-(2)/
     4. ... /pi-(2)/   11. ... /mi-(2)/   18. ... /de-(2)/
     5. ... /mis-(2)/   12. ... /e- (2)/   19. ... /e-(2)/
     6. ... /os-(2)/   13. ... /no-(2)/   20. ... /lo-(2)/
     7. ... /is-(2)/   14. ... /au-(2)/   21. .../vi-(2)/

     22. .../di-(2)/   26. ... /cul-(2)/   31. ... /cui-(2)/
     23. .../in-(2)/   27. ... /e-(2)/   32. ... /cun-(2)/
     24. .../di-(2)/   28. ... /deu-(2)/   33. ... /clu-(2)/
     25. .../fi-(2)/   29. ... /ren-(2)/   34. ... /cu-(2)/
                          30. ... /qui-(2)/   35. ... /cur-(2)/

23. 1. ja (2)   2. jo (2)   3. je (2)   4. hijo (2)   5. hija (2)

24. (Read each one two times, no pauses.)   1. ge   2. gi   3. gira
     4. go   5 pago   6. gue-   7. pague   8. garage   9. margen
     10. cargen   11. surge   12. purgue

13.2

25. (Read each one 'a .../je ... (2)/')

a. je	e. jo	i. guin	m. gente
b. ge	f. jun	j. guil	n. virgen
c. gue	g. gun	k. ja	
d. go	h. gi	l. gan	

(p. 179.)

26. (Use exaggerated pitch and stress:) /ELevator/(2)

27. (Use exaggerated pitch and stress:) /eXAggerated/ (2)

28. (Using syllable ta, imitate #26 two times, followed by #27 two times.)

29. (Read in Spanish rhythm:) ta-ta-tá (2)

30. (Read in Spanish rhythm:) ta-ta-ta-ta-ta-tá (2)

31. 1. ta-TA-ta-ta-ta   2. ta-ta-ta-ta-tá

32. (Read with only one pitch rise:) responsabilidád

33. 1. responsabilidád (2)   2. (English) respónsabilidad (2)

34. 1. nácionalidad (2)   2. nacionalidád (2)

(p. 180.)

35. 1. trepitóso   2. trépitoso (2)

36. pro- ... (2)

37. -duc- ... (2)

38. -ción ... (2)

39. ... /producción (2)/

40. ... /determinación (2)/

41. ... /contradicción (2)/

42. ... /utilidad (2)/

43. (Use monotone in unstressed syllables:)
    parlamentario (2)   revolucionario (2)   fotográfico (2)
    democrático (2).

(p. 181.)
    44. ... /reaccionario (2)/

    45. ... /aniversario (2)/

    46. ... /fugitivo (2)/

    47. ... /legislativo (2)/

    48. ... /equivalente (2)/

    (49 - and following, no voice.)

t 13. Dialog. Page 182.

iew. Repeat the following utterances as often as you hear them and at the
speed you hear them. (Run through Dialogs 10, 11, and 12, full utterances
only, two times each. Use normal to fast speed.)

 Dialog.

Step 1. Comprehension.

        (Read full utterances only, ESSESS.)

Step 1. Check on comprehension.

        (Read full utterances, S ... E.)

Step 2. Pronunciation.

        (Read each line, including build-ups, two times each: S ... S ...)

Step 3. Fluency.

        (Read full utterances only, S... S...)

Step 4. Participation.

        Participation A. (As usual.)

        Participation B. You are to begin by saying 'Ah! That's the compre-
        hension one, isn't it?' Begin now (Read as usual.)

t 13. Practice 5. Page 189.

        (Precede each with ¿Usted acaba ..., allow time for student to respond
        Sí, acabo de- ..., and then confirm.)

de estudiar?	6. de preparar los ejercicios?	11. de defenderlo?
e estudiar la lección?	7. de prepararlos?	12. de defender el libro?
de escribir el ejercicio?	8. de vender el carro?	13. de decidir eso?
de venderlo?	9. de salir?	14. de recomendar eso?
de prepararlo?	10. de recibir eso?	15. de confirmar eso?

                              13.4

Unit 13. Variation. Comprehension. Page 189.

1. Sr. Clark, ¿los ejercicios eran fáciles?   2. Sr. Clark, ¿Los ejercicio
eran fáciles o difíciles?   3. Pues, no muy fáciles, pero bastante fáciles.
4. Pues, creía que era algo más complicado.   5. Pues, creía que era algo
más difícil.   6. Pues, creía que no era algo tan fácil.   7. Pues, creía
que no era algo tan difícil.   8. Pues, creía que erá la lección de hoy.
9. Pues, creía que era la lección de ayer.   10. Pues, creía que era
José.   11. Pues, creía que era usted.   12. No sé qué quiere decir.
13. No sé qué quiere decir en inglés.   14. No sé, pero el de comprensión
es difícil.   15. Esa frase, creo, es un poco difícil.   16. Esa frase, crec
es un poco fácil.   17. Tiene razón.   18. Tiene razón. Esa frase es difíci
19. ¿De veras? Esa frase no es difícil.   20. Esa frase, de veras, no es
difícil.   21. Esa frase, de veras, no es fácil.   22. Esa chica es la hija
de Gómez, ¿verdad?   23. La soltera es la hija de Gómez, ¿verdad?   24. El
niño se cayó del sofá, ¿verdad?   25. El niño se cayó de la silla, ¿verdad?
26. El niño se cayó de la mesa, ¿verdad?   27. El niño se cayó aquí, ¿verdac
28. ¿El niño se cayó hoy o ayer?   29.¿La chica se cayó hoy o ayer?   30.¿La
chica se cayó de la mesa o de la silla?   31.¿La chica se cayó a las cinco c
a las cuatro?   32. Sánchez y Gómez quieren estudiar inglés.   33. Jones
acaba de estudiar su lección.   34. Jones acaba de estudiar la leccion de
hoy.   35. La frase número cuatro es bastante fácil, ¿verdad?

Unit 13. Practice 6. Page 190.

(Read from page 18 according to the instructions there.)

Unit 13. Practice 7. Page 190.

(Read ¿Y José? ... Acaba de venderlo. Vary only acaba.)

1. ¿Y José?   2. ¿Y Nora?   3. ¿Y Nora y José?   4. ¿Y usted?   5. ¿Y yo?
6. ¿Y María y yo?   7.¿Y José y yo?   8. ¿Y María y usted?   9. ¿Y Sánchez
y usted?   10. ¿Y Sánchez?   11. ¿Y Sánchez y yo?   12. ¿Y Gómez?   13. ¿Y
Gómez y usted?   14. ¿Y María y Gómez?   15. ¿Y ustedes?   16. ¿Y yo?
17. ¿Y usted?   18. ¿Y usted y yo?   19.¿Y María y usted?   20. ¿Y Nora y yc

UNIT 14

Introduction. Page 195.

Part 1.

1. ... /posibilidad (2)/	(p.198.)
2. ... /electricidad (2)/	26. auto ... (3)
3. ... /historia (2)/	27. ... / auto (2)/
4. ... /contrario (2)/	28. autor ... (3)
5. ... /temporario (2)/	29. ... /autor (2)/
(p. 196.)	30. ... /autoridad (2)/
6. ... /digestible (2)/	31. (Read like fotográfico:)
7. ... /tangible (2)/	tatatátata (3)
8. ... /indulgente (2)/	32. fotográfico (3)
9. ... /inteligente (2)/	33. (Read like auténtico:)
10. ... /imperceptible (2)/	tatátata (3)
11. ... /trivial (2)/	34. auténtico (3)
12. ... /racial (2)/	35. 1. físico (2)
13. ... /proficiente (2)/	2. fantástico (2)
(p. 197.)	3. democrático (2)
14. ... /negligente (2)/	4. económico (2)
15. ... /miserable (2)/	5. cosmético (2)
16. ... /interminable (2)/	36. 1. ... /físico (2)/
17. ... /equivalente (2)/	2. ... /fantástico (2)/
18. ... /ocasional (2)/	(p. 199.)
19. ... / indecente (2)/	3. ... /democrático (2)/
20. ... /profesional (2)/	4. ... /económico (2)/
21. ... /horrible (2)/	5. ... /cosmético (2)/
22. ... /terrible (2)/	37. 1. ... /narcótico (2)/
23. ... /social (2)/	2. ... /típico (2)/
24. au- ... (3)	3. ... /microscópico (2)/
25. au- ... (2)	4. ... /hipnótico (2)/
	5. ... /fotográfico (2)/

38. 1. ... /se dice (2)/

     2. ... /ese (2)/

     3. ... /dicho (2)/

     4. ... /ESE dicho (2)/ or /ese DIcho (2)/

     5. ... /existe (2)/

     6. ... /aveces (2)/

     7. ... /se puede (2)/

     8. ... /fastidies (2)/

     9. ... /usarlo (2)/

    10. ... /me está (2)/ or /mestá (2)/

    11. ... /molestando (2)/

Unit 14. Dialog. Page 200.

Review. Repeat everything you hear, at the speed that you hear it. (Read full
         utterances of Dialogs 11, 12, 13: S ... S ...)

Unit 14. New dialog. Page 200.

   Step 1. Comprehension.

           (As usual, ESSESS for each full utterance.)

   Step 1. Check on comprehension.

           (Read S ... E on each full utterance.)

   Step 2. Pronunciation.

           (Read each line, S ... S ..., using slow to normal speed.)

   Step 3. Fluency.

           (Read full utterances, S ... S ..., using normal but not fast speed.)

   Step 4. Participation.

           Participation A. (As usual.)

           Participation B. You are to begin by saying 'Sir, how do you say

           'Drop dead!'? Begin now. (As usual)

Unit 14. Practice 2. Page 202.

   1. ... a famous one   ....   una lección famosa

   2. ... a famous one   ....   una mesa famosa

   3. ... a famous one   ....   un ejercicio famoso

   9. ... some famous ones...........   unas mesas famosas

8.	... some famous ones	....	unas lecciones famosas
8.	... some modern ones	....	unas lecciones modernas
7.	... some modern ones	....	unos libros modernos
1.	... a modern one	....	una lección moderna
5.	... a modern one	....	una chica moderna
10.	... some famous ones	....	unos ejercicios famosos
7.	... some famous ones	....	unos libros famosos
9.	... some modern ones	....	unas mesas modernas
4.	... a modern one	....	un sofá moderno
2.	... a modern one	....	una mesa moderna
3.	... a modern one	....	un ejercicio moderno
10.	... some modern ones	....	unos ejercicios modernos
4.	... a famous one	....	un sofá famoso
6.	... a modern one	....	una invitacción moderna
6.	... a famous one	....	una invitación famosa
2.	... an exclusive one	....	una mesa exclusiva
9.	... some exclusive ones	....	unas mesas exclusivas
4.	... an exclusive one	....	un sofá exclusivo
7.	... some exclusive ones	....	unos libros exclusivos
1.	... a necessary one	....	una lección necesaria
2.	... a necessary one	....	una mesa necesaria
8.	... some necessary ones	....	unas lecciones necesarias
6.	... a necessary one	....	una invitación necesaria
3.	... a necessary one	....	un ejercicio necesario
3.	... an exclusive one	....	un ejercicio exclusivo
4.	... a necessary one	....	un sofá necesario
5.	... a famous one	....	una chica famosa
6.	... an exclusive one	....	una invitación exclusiva
7.	... some necessary ones	....	unos libros necesarios
9.	... some necessary ones	....	unas mesas necesarias
10.	... some necessary ones	....	unos ejercicios necesarios

Unit 14. Practice 3. Page <u>203</u>.

    (Read as shown, allow pause for student response, and confirm it affirmatively.)

1. ¿Usted lo defendió ...   Sí, lo defendí

2. ¿Usted lo ofreció?   8. ¿Usted lo terminó?

3. ¿Usted lo permitió?   9. ¿Usted las defendió?

4. ¿Usted lo decidió?   10. ¿Usted las ofreció?

5. ¿Usted lo recibió?   11. ¿Usted las recomendó?

6. ¿Usted lo preparó?   12. ¿Usted las decidió?

7. ¿Usted lo vendió?   13. ¿Usted las recibió?

Unit 14. Practice 4. Page <u>203</u>.

    (Using <u>ustedes</u>, read question, pause, and confirm affirmatively: ¿<u>U</u>stedes defendieron? ... <u>Sí, defendimos</u>, etc.

1. ... defendieron?   8. ... confirmaron eso?   15. ... lo escribieron?

2. ... vendieron?   9. ... recibieron eso?   16. ... lo permitieron?

3. ... ofrecieron?   10. ... escribieron eso?   17. ... lo prepararon?

4. ... escribieron?   11. ... prepararon eso?   18. ... las recibieron?

5. ... recomendaron?   12. ... lo vendieron?   19. ... las vendieron?

6. ... permitieron?   13. ... lo defendieron?   20. ... las defendieron?

7. ... decidieron eso? 14. ... lo terminaron?

Unit 14. Practice 5. Page <u>203</u>.

1. ¿Ustedes defendieron ? ...   Sí, defendimos.

2. ¿Ustedes vendieron? ...   Sí, vendimos.

3. ¿Ustedes ofrecieron? ...   No, no ofrecimos.

4. ¿Ustedes escribieron? ...   No, no escribimos.

5. ¿Ustedes recomendaron? ...   No, no recomendamos.

6. ¿Ustedes permitieron? ...   Sí, permitimos.

7. ¿Ustedes decidieron eso? ... No, no decidimos eso.

8. ¿Ustedes confirmaron eso? ... No, no confirmamos eso.

9. ¿Ustedes recibieron eso? ... Sí, recibimos eso.

10. ¿Ustedes escribieron eso? ... Sí, escribimos eso.

11. ¿Ustedes prepararon eso? ... No, no preparamos eso.

12. ¿Ustedes lo vendieron?...   No, no lo vendimos.

13. ¿Ustedes lo defendieron? ....   No, no lo defendimos.
14. ¿Ustedes lo terminaron? ....   Sí, lo terminamos.
15. ¿Ustedes lo escribieron? ...   Sí, lo escribimos.
16. ¿Ustedes lo permitieron? ...   Sí, lo permitimos.
17. ¿Ustedes lo prepararon? ...   No, no lo preparamos.
18. ¿Ustedes las recibieron? ...   No, no las recibimos.
19. ¿Ustedes las vendieron? ...   Sí, las vendimos.
20. ¿Ustedes las defendieron? ...   Sí, las defendimos.

Unit 14. Variations. Comprehension. Page 206.

1. Esa chica es una chica famosa.   2. Esa chica es una chica moderna.
3. Esa lección es una lección necesaria.   4. José quiere terminar su
lección hoy.   5. Jones no quiere terminar su lección hasta mañana.
6. Lo siento mucho, pero no puedo ir con usted hasta mañana.   7. Puedo ir
a la clase, pero no quiero.   8. José y Nora pueden ir también, pero no
quieren.   9. Sí, podemos, pero no queremos.   10. Sí, ¡claro! Podemos
terminarlo hoy.   11. Nora siempre me está molestando.   12. Quiero
usarlo hoy, pero no puedo.   13. Puedo usarlo hoy, pero no quiero.
14. José me está molestando.   15. Señor, ¿cómo se dice 'Glory be!'?
16. Oiga, José: ¿cómo se dice 'I think so'?   17. ¿Cómo se dice eso en
español?   18. No quiero usarlo hoy.   19. No puedo usarlo hoy.   20. Ese
dicho no es español.   21. Sí, ese dicho existe en inglés, pero no en
español.   22. A veces quiero venderlo, y a veces no quiero venderlo.
23. A veces puedo terminarlo y a veces no puedo.   24. A veces puedo y a veces
no puedo.   25. A veces creía que era complicado.   26. Creía que ese dicho
era más complicado.   27. ¡José! ¿Quiere estudiar conmigo? ... ¡No fastidie!
28. ¡José! ¿Puede estudiar conmigo? ... ¡No fastidie!   29. ¡Caramba! Nora
siempre quiere salir temprano.   30. ¡Oiga, Jones! ¿Usted terminó todos los
ejercicios? ... ¡No fastidie!   31. Esa clase es exclusiva.   32. Esa chica
es muy famosa.   33. El carro de José es muy moderno.   34. Esa lección es
muy necesaria.   35. Esa lección era muy necesaria.   36. ¿Cómo se dice 'high-
way'? No sé.   37. ¿Cómo se dice 'pencil'? ... No sé cómo se dice eso.
38. ¿Qué quiere decir esto? ... No sé qué quiere decir eso.   39. El profesor
de Bill es famoso.   40. Sí, señor. José y yo estudiamos mucho anoche;

estudiamos hasta las 10:00.   41. ¿Cómo se dice 'caramba' en inglés? ... Ese
dicho no existe en inglés.   42. Esa lección es una lección necesaria.
43. ¡Claro! Usted puede terminar mañana, si quiere.   44. Señor profesor,
¿puedo terminarlo mañana?   45. Sí, podemos terminarlo mañana.   46. No, no
podemos terminarlo mañana.   47. No, no podemos terminarlo hasta las ocho.
48. No, no queremos terminarlo.   49. No queremos y no podemos terminarlo.
50. José y Gómez no quieren ir.   51. José y Gómez no pueden ir.
52. ¡Claro! Puedo ir con usted.'   53. ¡Claro! Puedo ir con usted, pero
Nora no puede.   54. ¡Claro! Puedo estudiar con usted, pero Gómez no puede.
55. Gómez no puede porque no está aquí.   56. ¡Caramba! ¡Ese Gómez siempre
me está molestando!   57. ¿De veras? Por qué?   58. No sé por qué.   59. Esa
Nora siempre me está molestando.   60. José y Gómez siempre me están molestan
do.   61. José y Gómez siempre nos están molestando.   62. ¡Oiga, Jones!
¿Entendió la lección?   63. ¡Claro! Siempre entiendo las lecciones.
64. No sé por qué, pero siempre quiero usarlo.   65. No siempre, pero a veces
se puede decir eso.

Unit 14. Page 207. Transformation drill.

(Read Es una mesa moderna ... Son unas mesas modernas.)

1. Es una mesa moderna ... (Son unas mesas modernas).   2. Es un ejercicio
moderno.   3. Es una mesa exclusiva   4. Es una silla exclusiva.   5. Es
un libro famoso.   6. Es un sofá famoso.   7. Es una lección necesaria.
8. Es un libro necesario   9. Es una invitación necesaria.   10. Es una silla
famosa.   11. Es una americana famosa.   12. Es una fiesta necesaria.
13. Es un número famoso.   14. Es una clase exclusiva.   15. Es un número
exclusivo.   16. Es una hija moderna.   17. Es una frase necesaria.   18. Es
una sala moderna.   19. Es un sofá moderno.   20. Es un profesor famoso.
21. Es un colombiano famoso.   22. Es una clase moderna.   23. Es un carro
moderno.   24. Es un niño alto.   25. Es una niña alta.   26. Es una hija
casada.   27. Es un hijo casado.   28. Es una americana casada.   29. Es
una hija soltera.   30. Es un hijo soltero.

Unit 14. Page <u>207.</u> Substitution drill.

(Read <u>Es una mesa moderna</u> ... <u>libro</u> ... <u>Es un libro moderno.</u>)

Model 1. Es una mesa moderna.

1. libro   2. libros   3. lecciones   4. sofá   5. mesa   6. mesas

7. fiesta   8. chicas   9. niño   10. invitación.

Model 2. Creía que era una lección famosa.

1. libro   2. chica   3. hijo   4. mesa   5. niño   6. hospital   7. clase

8. carro   9. invitación   10. oficina.

Model 3. Ayer traje ese libro moderno.

1. silla   2. ejercicio   3. mesa   4. colombiana   5. chica   6. profesor

7. sofá   8. invitación   9. colombiano   10. americana.

Model 4. Creía que era una chica famosa.

1. chicas   2. oficina   3. oficinas   4. dicho   5. dichos   6. frase

7. frases   8. hospital   9. ejercicios   10. fiestas   11. lecciones

12. libro   13. libros   14. invitaciones   15. clases.

UNIT 15

Dialog. Page 221.

Review. Repeat everything you hear at the speed you hear it.

Unit 15. New dialog. Page 221.

    Step 1. Comprehension. (As usual, ESSESS with full utterances only.)

    Step 1. Comprehension check. (Full utterances, S ... E.)

    Step 2. Pronunciation (Read each line S ... S ...)

    Step 3. Fluency. (Full utterances S ... S ...)

    Step 4. Participation.

        Participation A. (As usual.)

        Participation B. You are to begin by saying 'Mr. Clark, where were
you born?' Begin now. (As usual.)

Unit 15. Practice 3. Page 224.

    (Read stimulus and confirm affirmatively: ¿Usted tiene que salir? ...
Sí, tengo que salir.)

        1. ¿Usted tiene que salir?

        2. ¿Usted tiene que estudiar?

        3. ¿Usted tiene que estudiar mucho?

        4. ¿Usted tiene que terminarla?

        5. ¿Usted tiene que recomendarlo?

        6. ¿Usted tiene que recomendar el libro?

        7. ¿Usted tiene que defenderlo?

        8. ¿Usted tiene que defender el libro?

        9. ¿Usted tiene que ofrecerlo?

      10. ¿Usted tiene que recibirlo?

      11. ¿Usted tiene que recibirlo aquí?

      12. ¿Usted tiene que venderlo?

      13. ¿Usted tiene que venderlo hoy?

      14. ¿Usted tiene que recomendarlo hoy?

      15. ¿Usted tiene que confirmarlo hoy?

Unit 15. Practice 5. Page 225.

   (Read question, pause, and confirm affirmatively in the we-form.)

   1. ¿Ustedes tienen que salir?
   2. ¿Ustedes tienen que estudiar?
   3. (Etc. Read same questions of Practice 3.)

Unit 15. Practice 7. Page 226.

   (Read question, pause, and confirm affirmatively.)

   1. ¿Usted tiene que salir?
   2. ¿Ustedes tienen que salir?
   3. ¿Usted tiene que estudiar?
   4. ¿Usted tiene que recomendarlo?
   5. ¿Ustedes tienen que recomendarlo?
   6. ¿Ustedes tienen que defender el libro?
   7. ¿Usted tiene que defenderlo?
   8. ¿Ustedes tienen que estudiar?
   9. ¿Usted tiene que ofrecerlo?
   10. ¿Usted tiene que recibirlo?
   11. ¿Ustedes tienen que recibirlo aquí?
   12. ¿Ustedes tienen que venderlo?
   13. ¿Usted tiene que venderlo hoy?
   14. ¿Ustedes tienen que recomendarlo hoy?
   15. ¿Usted tiene que confirmarlo hoy?

Unit 15. Comprehension. Page 227.

   1. Señor, ¿dónde nació usted?   2. José, ¿dónde nació María?   3. ¿Cómo?
No entiendo.   4. ¿Cómo? No entendí.   5. Gracias, ya entiendo.   6. Sí, ya
entendí.   7. ¿En qué año nació José?   8. Nací en 1930.   9. Nací en Pitsburgo.
10. ¿De veras? Creía que era algo complicado.   11. ¿De veras? Creía que usted
nació en Filadelfia.   12. Tiene razón. Nací en Filadelfia.   13. Tiene razón.
Jones siempre me está molestando.   14. Quiero usarlo mañana.   15. Le pregunté
que dónde nació.   16. Le pregunté que dónde está Sánchez.   17. Le pregunté
que dónde es la fiesta.   18. El profesor me preguntó que dónde nací.
19. El profesor me preguntó que cuándo nací.   20. María me preguntó que en que
año nací.   21. José me preguntó que dónde está Sánchez?   22. ¡Oiga, Jones!

                              15.2

¿José le preguntó eso?   23. Sí, creía que era complicado.   24. Sí, creía que era exclusivo.   25. Sí, creía que usted vendió el carro.   26. Sí, creía que usted lo recibió anoche.   27. ¿La casada o la soltera?   28. Pero a veces se puede decir eso.   29. A veces se puede usar eso.   30. A veces entiendo y a veces no.   31. Ese dicho no existe en español.   32. Esa frase no existe en el libro.   33. Esa frase no existe en la lección.   34. Esa lección es fácil muy fácil.   35. Ese libro es moderno, muy moderno.   36. Ese ejercicio es difícil, muy difícil.   37. No, no puedo porque tengo mucho que estudiar.   38. Hoy no puedo estudiar.   39. Hoy no puedo escribirlo.   40. Hoy no puedo escribirles.   41. María y yo no podemos escribirlo.   42. María y yo no podemos escribirle.   43. Gómez y yo tenemos que escribirlo mañana.   44. María no tiene que estudiar hoy.   45. María no tiene que estudiar mucho.   46. José no tiene que estudiar mucho tampoco.   47. Yo no tengo mucho que estudiar.   48. Yo no tengo mucho que decir.   49. El profesor no tiene mucho que decir hoy   50. María y Nora tienen que preparar la fiesta.   51. María y Nora tienen que escribir esa frase.   52. María tiene que estudiar con José.   53. María tiene que decir eso.   54. María no tiene que decir eso.   55. José y yo no tenemos que decir eso.   56. José y yo tenemos que estudiar más.   57. María y Nora quieren estudiar más porque tienen que estudiar más.   58. José y yo queremos estudiar más porque tenemos que estudiar más.   59. José y yo queremos vender el carro porque tenemos que venderlo.   60. Nora quiere escribir los ejercicios porque tiene que escribirlos.   61. Yo quiero escribir los ejercicios porque tengo que escribirlos.   62. Tuve que llevarlo al hospital.   63. Tuve que deci eso.   64. Tuve que decirle eso.   65. Tuve que llevar eso al hospital.   66. Tuve que llevarle eso.   67. Lo siento mucho, pero no puedo estudiar con ustedes.   68. Lo siento mucho, pero no puedo estudiar con ustedes. No puedo porque tengo que ir a la oficina.   69. Lo siento mucho, pero no puedo escribir los ejercicios hoy. No puedo escribirlos porque tengo que llevar a mi esposa al hospital.   70. Lo siento mucho, pero no puedo terminar la lección hoy. No puedo terminarla porque quiero salir temprano: la fiesta es hoy a las cinco

Unit 15. Practice 9. Page 227.

(Model: José quiere estudiar mucho. Announce substitution, pause, then confirm.)

1. tiene	5. puede	9. tiene
2. acaba	6. acaba	10. acaba
3. puede	7. tiene	11. quiere
4. quiere	8. puede	12. puede

Unit 15. Practice 10. Page 228.

(Announce substitution, pause, then confirm.)

Model: José quiere estudiarlo.

1. tiene	11. María	21. tiene
2. José y yo	12. María y yo	22. María y yo
3. acabamos	13. acabamos	23. podemos
4. venderlo	14. tenemos	24. tenemos
5. prepararlo	15. queremos	25. José
6. María	16. decidirlo	26. acaba
7. tiene	17. yo	27. escribirle
8. quiere	18. puedo	28. quiere
9. puede	19. Nora	29. yo
10. José y yo	20. Usted	30. María y yo

UNIT 16

Dialog. Review. Page <u>241</u>.

Repeat everything you hear at the speed you hear it. (Read full utterances of 14 and 15.)

New dialog. Page <u>241</u>.

Step 1. Comprehension.
(Include <u>En la sala de clase</u> 'In the classroom' as a 'full utterance' Read each full utterance ESSESS.)

Step 1. Comprehension check.
(Read full utterances S ... E.)

Step 2. Pronunciation.
(Read each line S... S...)

Step 3. Fluency.
(Read full utterances S... S...)

Step 4. Participation.

Participation A. (As usual.) In this participation you are to take the part of <u>Jones</u>.
Participation B.
Now you are to begin by saying 'Mr. Jones, ask that young lady what her name is.' Begin now. (As usual.)

Unit 16. Practice 1. Page <u>243</u>.

1. terminé -- termine
2. preparé -- prepare
3. confirmé -- confirme
4. estudié -- estudie
5. pregunté -- pregunte

6. hablé -- hable
7. tapé -- tape
8. mandé -- mande
9. casé -- case
10. lavé -- lave

Unit 16. Practice 2. Page <u>243</u>.

(Read same verbs of Practice 1: 1. terminé ... termine , etc.)

Unit 16. Practice 3. Page <u>243</u>.

(Read <u>buscar ... busqué</u>)

1. buscar   2. sacar   3. lavar   4. llegar   5. bajar   6. mandar

16.1

7. hablar   8. tapar   9. halar   10. gozar.

Unit 16. Practice 4. Page 243.

(Same as Practice 3, but confirm with command form: 1. buscar... busque.)

Unit 16. Practice 5. Page 243.

(Read 1. busque ... búsquelo mañana.)

1. busque   2. saque   3. lave   4. baje   5. mande   6. hable   7. tape

8. hale   9. goce   10. bote

Unit 16. Practice 7. Page 244.

(Read 1. mande/mándelo ... No lo mande.)

1. mande   2. Tape   3. hable   4. lave   5. busque   6. saque   7. baje

8. hale   9. goce   10. bote

Unit 16. Practice 11. Page 245.

(Read 1. Por favor; no lo prepare ... Pero, es que ya lo preparé.)

1. -prepare   2.-termine   3.-confirme   4.-recomiende.. Repeating No. 4
again: - recomiende 5.-mande   6.-tape   7.-busque   8.-saque   9.-bote
10.-baje.

Unit 16. Variations.

Comprehension. Page 247.

1. ¿Dónde nació usted?   2. Nací en Boston.   3.¿En qué año?   4. En 1930.

5.¿En qué clase?   6. En la clase de español.   7.¿El libro de Gómez?---

Sí, el de Gómez.   8.¿La clase del profesor?--- Sí, la del profesor.

9.¿La fiesta de anoche?--- No, la de esta noche.   10.¿La hija de Gómez?---

Sí, la de Gómez.   11.Quiero recomendarlo.   12.Quiero recomendarlo porque

tengo que recomendarlo.   13. Pues, recomiéndelo.   14.Quiero prepararlo.

15.Quiero prepararlo porque tengo que prepararlo.   16. Pues, prepárelo.

17.Quiero terminarlo.   18.Quiero terminarlo porque tengo que terminarlo.

19. Pues, termínelo.   20.Quiero confirmarlo.   21.Quiero confirmarlo porque

tengo que confirmarlo.   22. Pues, confírmelo.   23. Tenemos que decidir eso

hoy.   24. María tiene que salir temprano.   25. Jose quiere salir con Nora.

26. Sí, señor, tenemos que salir a las ocho.   27.¿Usted piensa venderlo hoy?

28.¿Usted quiere estudiar más?   29.¿Usted tiene que estudiar más?

30.¿Ustedes pueden recibirlo aquí?   31. Señorita, ¿cómo se llama usted?

32. Me llamo Nora.   33. Sí, pero su nombre completo?   34. Mi nombre

completo es Nora Gómez.   35. ¿Es usted de Washington?   36. ¿Es usted de
aquí?   37. No, no soy de aquí; soy de Boston.   38. ¿De dónde es usted,
de Chicago?   39. No, soy de Filadelfia.   40. No soy de Boston.   41. Quiero
preparar mi lección.   42. Pues, prepárela.   43. Quiero terminar el libro.
44. Pues, termínelo.   45. Quiero preparar mis lecciones.   46. Pues, prepáre-
las.   47. Quiero terminar cuatro ejercicios.   48. Pues, termínelos.
49. Por favor, no lo prepare hoy; prepárelo mañana.   50. Por favor, no lo
recomiende ahora; recomiéndelo mañana.   51. Pregúntele que cómo se llama.
52. Pregúntele que dónde estudia.   53. Pregúntele a esa señorita si quiere
estudiar conmigo.   54. Pregúntele a esa señorita si puede estudiar conmigo.
55. Pregúntele a esa señorita si quiere estudiar más hoy. 56. Pregúntele a
esa señorita si tiene que estudiar más.   57. Pregúntele a esa señorita que
con quién estudió.   58 . Pregúntele a esa señorita que con quién quiere salir.
59. Pregúntele a esa señorita que por qué no quiere salir.   60. Pregúntele a
esa señorita que con quién salió.

UNIT 17

Dialog. Page **258**.

Review.

Repeat everything you hear at the speed you hear it. (Read full utterances of 14, 15, and 16: S ... S ...)

New material. Page **258**.

Step 1. Comprehension. (Read full utterances ESSESS.)

Step 1. Comprehension check. (Read full utterances S ... E.)

Step 2. Pronunciation. (Read each line S ... S ...)

Step 3. Fluency. (Read full utterances S ... S...)

Step 4. Participation.

Participation A. (Read as usual.)

Participation B. You are to begin by saying 'Really?' I'm from Chicago too.' Begin now. (Read as usual.)

Unit 17. Practice 1. Page **260**.

Example 1 : Voy a preguntarle eso ... Pues, muy bien, pregúntele eso.

Example 2 : Voy a terminarlo ... Pues, muy bien, termínelo.

(Read as above, using Voy a ... with the following:)

1. -- preguntarle eso.

2. -- terminarlo.

3. -- prepararlo.

4. -- confirmarlo.

5. -- recomendarlo.

6. -- usarlo.

7. -- llevarlo al hospital.

8. -- recomendarle cinco.

9. -- prepararle cinco.

17.1

10. -- preguntarle eso ahora.

11. -- terminarlo mañana.

12. -- llevarlo a la oficina.

13. -- prepararlo en la oficina.

14. -- recomendarle este libro.

15. -- recomendarle un libro práctico.

16. -- recomendarle esa señorita.

17. -- recɔmendarle ese metal.

18. -- terminarle esta lección.

19. -- usarlo aquí en la oficina.

20. -- terminarlo hoy.

Unit 17. Practice 3. Page 261.

(Read question, pause, and then confirm reply.)

Example:

¿Cuándo va a terminarlo?

Voy a terminarlo mañana.

1. ¿Cuándo va a terminarlo?

2. ¿Cuándo va a prepararlo?

3. ¿Cuándo va a recomendarlo?

4. ¿Cuándo va a usarlo?

5. ¿Cuándo va a usar ese libro?

6. ¿Cuándo va a preparar eso?

7. ¿Cuándo va a prepararle eso?

8. ¿Cuándo va a recomendarle eso?

9. ¿Cuándo va a terminarle eso?

10. ¿Cuándo va a preguntarle eso?

Unit 17. Practice 7. Page 263.

(Read in plural, exactly as Practice 3.)

Example:

¿Cuándo van a terminarlo?

Vamos a terminarlo mañana.

Unit 17. Practice 8. Page 264.

(Read same questions of Practice 7, but use iban - Confirm with
íbamos and mañana.)

17.2

This is the proper pronunciation of 'we were going'. Repeat:

   íbamos... íbamos... íbamos... íbamos.

Example:

   ¿Cuándo iban a terminarlo?

   Ibamos a terminarlo mañana.

Unit 17. Part 3. Comprehension. Page <u>266</u>.

<u>1</u>. ¿De qué parte es usted?   <u>2</u>. ¿De qué parte son ustedes?

<u>3</u>. ¿Son ustedes de aquí?   <u>4</u>. No, no somos de aquí; somos de Filadelfia.

<u>5</u>. ¿Es usted de California?   <u>6</u>. No, no soy de California, sino de Arizona.

<u>7</u>. ¿Caracas está en Colombia?   <u>8</u>. No, Caracas no está en Colombia, sino en

Venezuela.   <u>9</u>. No quiero estudiar con Nora, sino con Betty.   <u>10</u>. Eso no

es difícil, sino fácil.   <u>11</u>. ¿Cómo se dice eso en inglés?   <u>12</u>. No sé cómo

se dice eso; creo que no existe.   <u>13</u>. ¿Se usa esa frase en español?

<u>14</u>. Creo que no se usa esa frase.   <u>15</u>. ¿Cómo se va de aquí a Washington?

<u>16</u>. Se va en taxi; es más fácil.   <u>17</u>. ¿Se puede estudiar español?   <u>18</u>.¿Se

puede usar este libro en la clase?   <u>19</u>. Como no; se puede usar este libro.

<u>20</u>. ¿De dónde es usted?   <u>21</u>. Soy de Filadelfia.   <u>22</u>. ¿De qué parte en

Filadelfia?   <u>23</u>. De Germantown.   <u>24</u>. ¿Es usted de Pennsylvania?

<u>25</u>. No, no soy de Pennsylvania, sino de Illinois.   <u>26</u>. ¿Usted le dijo eso

a Carlos?   <u>27</u>. No, no le dije eso.   <u>28</u>. ¿Usted le recomendó eso a Carlos?

<u>29</u>. Sí, le recomendé eso.   <u>30</u>. Quiero recomendar eso.   <u>31</u>. Pues, recomiéndelo

<u>32</u>. Quiero preparar esto hoy.   <u>33</u>. Pues, prepárelo.   <u>34</u>. Quiero escribir una

carta.   <u>35</u>. Pues, muy bien.   <u>36</u>. Quiero defender a Nora.   <u>37</u>. Pues, muy

bien.   <u>38</u>. No quiero ofender a Nora.   <u>39</u>. Pues, muy bien.   <u>40</u>. No voy a

vender mi carro.   <u>41</u>. No quiero venderlo.   <u>42</u>. No voy a escribirle a José.

<u>43</u>. Van a escribirle hoy.   <u>44</u>. No voy a recibir a María.   <u>45</u>. No quiero

recibirla.   <u>46</u>. No voy a defender a José.   <u>47</u>. No quiero defenderlo.

<u>48</u>. No voy a recomendar a Sánchez.   <u>49</u>. No puedo recomendarlo.

<u>50</u>. No pienso decidir eso hoy.   <u>51</u>. Pues, muy bien. ¿Cuándo piensa decidirlo?

¿Hoy o mañana?   <u>52</u>. No pienso vender mi carro hoy.   <u>53</u>. Pues, muy bien.

¿Cuándo piensa venderlo? ¿Hoy o mañana?   <u>54</u>. No pienso defender a Nora hoy.

<u>55</u>. Pues, muy bien. ¿Cuándo piensa defenderla? ¿Hoy o mañana?   <u>56</u>. No

pienso recomendar eso hoy.   <u>57</u>. Pues, muy bien. ¿Cuando piensa recomendarlo?

¿Hoy o mañana?   <u>58</u>. No pienso escribirle hoy a José.   <u>59</u>. Pues, muy bien.

¿Piensa escribirle una carta mañana?

17.3

Unit 17. Part 4. New vocabulary. Page 266.

(Read each sentence carefully, with compassion, for comprehension
purposes. However, be careful not to be artificial.)

1.   Evanston es una ciudad que está cerca de Chicago.   Pero Filadelfia no
      es una ciudad que está cerca de Chicago.   Filadelfia está lejos de
      Chicago.   Filadelfia no está cerca de Chicago, sino lejos.

2.   No sé qué quiere decir eso en inglés.   En realidad, no sé mucho.
      Yo no sé mucho, pero José sabe mucho.   José siempre sabe todo.

3.   Yo no entiendo las frases.   Pero José siempre las entiende.   Yo
      nunca las entiendo, pero José siempre las entiende.   José siempre
      las sabe, pero yo nunca las sé.   Yo no las entiendo nunca.

4.   Mi nombre completo es George Williams.   El nombre completo de mi
      esposa es Nancy Williams.   Nancy y yo tenemos un hijo.   Nuestro
      hijo se llama George Williams también.   Yo nací en Chicago; Nancy
      nació en Filadelfia, y nuestro hijo nació en California.

5.   Ahora quiero estudiar.   No puedo ir con usted ahora.   Pero, si usted
      quiere, puedo ir con usted después.   Ahora tengo que estudiar;   pero
      después puedo ir.

17.4

UNIT 18

Dialog. Review. Page <u>277</u>.

      (Read S ... S ... full utterances of Units 15, 16, and 17.)

New dialog. Page <u>277</u>.

    Step 1. Comprehension. (As usual.)

    Step 1. Comprehension check. (As usual.)

    Step 2. Pronunciation. (As usual.)

    Step 3. Fluency. (As usual.)

    Step 4. Participation.

        Participation A. (As usual.)

        Participation B. You are to begin by saying 'Oh, pardon me!'
        Begin now.

Unit 18. Practice 3. Page <u>280</u>.

      (Read: 1. <u>Quiero que usted lo-termine</u> ...

              <u>Por favor, termínelo</u>.

    Precede each of the following with <u>Quiero que usted</u> ...

    Note: If sentence is negative, confirm negatively, i. e. confirmation

    for No. 9 is <u>Por favor, no lo termine</u>.)

1. lo termine	12. lo confirme hoy
2. lo prepare	13. lo prepare esta noche
3. lo confirme	<u>Quiero que usted</u> ...
4. lo termine hoy	14. lo use hoy.
5. lo prepare esta noche	15. lo examine esta noche.
6. lo confirme esta noche.	16. Quiero que usted lo recomiende
7. lo termine mañana.	hoy.
8. lo prepare ahora.	17. No quiero que usted lo recomiende
<u>No quiero que usted</u> ...	mañana.
9. lo termine	18. No quiero que usted le recomiende
10. lo prepare	eso a José.
11. lo confirme	

19. ?uiero que usted le recomiende eso después.

20. No quiero que usted le recomiende eso hoy.

21. Quiero que usted moleste a Juan.

22. Quiero que usted moleste a Juan ahora.

23. Quiero que usted le recomiende su apartamento a José.

24. No quiero que usted le pregunte eso a· María.

25. Quiero que usted le pregunte eso a Nora.

26. Quiero que usted les pregunte eso hoy.

27. No quiero que les pregunte mañana.

28. Quiero que usted lo confirme hoy.

29. No quiero que usted lo confirme mañana.

30. Quiero que usted la recomiende hoy.

31. No quiero que usted la recomiende después.

Unit 18.   Part 2.   Comprehension.   Page 283.

1. ¿Cómo se dice eso en inglés? 2. Se dice 'Then you are "Mrs."
3. ¿Se dice eso en español? 4. No, no se dice eso. 5. ¿Se puede decir
eso en español? 6. Sí, se puede. 7. ¿Se puede ir de aquí a Washington?
8. Sí, se puede. Es muy fácil. 9. ¿Se usa esa frase en español?
10. Sí, se usa mucho. 11. ¿Quién trajo eso? 12. José lo trajo. 13. ¿Quién
trajo a Nora? 14. José la trajo. 15. ¿Quiénes trajeron el carro de Sánchez?
16. José y Nora lo trajeron. 17. ¿Usted dijo eso? 18. No, no lo dije.
19. ¿Quién lo dijo? 20. Sánchez lo dijo. 21. ¿Cuándo lo dijo Sánchez?
22. Lo dijo anoche. 23. ¿Quién dijo eso? 24. El hijo de Jones lo dijo.
25. ¿Cuántos ejercicios prepararon ustedes? 26. Preparamos cinco.
27. ¿Cuántas frases escribieron ustedes? 28. Escribimos diez. 29. ¿Ustedes
decidieron ayer? 30. Sí, decidimos a las cinco. 31. ¿Dónde vive usted?
32. Vivo en la calle catorce. 33. ¿Usted vive en un apartamento? 34. Sí,
vivo en un edificio grande. 35. ¿Cuál es el número del edificio? 36. El
número es 4-4-2-7. 37. ¿Dónde vive el profesor? 38. Creo que vive en una
ciudad cerca de Washington. 39. ¿Cómo se llama esa ciudad? 40. Se llama
Springfield. 41. ¿Cómo se dice 'yesterday afternoon'? 42. Se dice 'ayer
por la tarde.' 43. ¿Usted estudió ayer por la tarde? 44. No, no estudié
porque tuve que llevar a mi esposa a la ciudad. 45. ¿Cómo se dice 'tomorrow?'
46. Se dice 'mañana'. 47. ¿Usted estudió mañana? 48. Perdón, no entiendo.

49. Yo le-pregunté que si usted estudió mañana. 50. Perdón, no se puede decir eso. 51. ¿Por qué? 52. Porque se usa 'estudió' con 'ayer' y no con 'mañana.' 53. Tiene razón. Yo tengo que decir 'va a estudiar.' 54. Precisamente. 'va a estudiar' se usa con 'mañana.' 55. Muy bien. Entonces, ¿usted va a estudiar mañana? 56. ¡Claro! Siempre tengo que estudiar. Pienso estudiar hoy, y voy a estudiar mañana también. 57. Entonces, ¿Usted estudia mucho? 58. ¡Claro! Tengo que estudiar mucho porque tengo mucho que estudiar. 59. Pero mañana no voy a estudiar porque no puedo. Pienso ir a una fiesta.

Unit 18. Part 3. New vocabulary. Page 284.

1. Chicago es una ciudad grande. Los-Angeles, Filadelfia y Cincinnati también son ciudades grandes. Pero Roanoke no es una ciudad grande. Annapolis tampoco es una ciudad grande. Roanoke es una ciudad pequeña, y Annapolis es un ciudad pequeña también. Roanoke y Annapolis son ciudades pequeñas.

2. El señor Jones dice que vive en un apartamento. Este apartamento está en un edificio grande. Yo no vivo en un apartamento; yo vivo en una casa. Mi esposa y mis hijos viven conmigo en una casa. Una casa es un edificio pequeño.

3. Filadelfia es una ciudad. Filadelfia está en Pennsylvania. Pennsylvania es un estado. Dallas es una ciudad que está en el estado de Texas. Dallas y Filadelfia son ciudades, pero Texas y Pennsylvania son estados.

4. Yo vivo en la ciudad de Falls Church. Falls Church es una ciudad pequeña que está en el estado de Virginia. Virginia es un estado que está en los Estados Unidos. Virginia no está en Mexico. Virginia está en los Estados Unidos. Virginia es parte de los Estados Unidos.

5. Los Estados Unidos es un país. Es un país grande. Brasil es un país también, y es un país grande. Costa Rica es un país también, pero es un país pequeño.

UNIT 19

Unit 19. Dialog. Review. Page 295.
   (Read as usual 16, 17, 18.)

Unit 19. Dialog. New material. Page 295.

   Step 1. Comprehension. (As usual.)

   Step 1. Comprehension check. (As usual.)

   Step 2. Pronunciation. (As usual.)

   Step 3. Fluency. (As usual.)

   Step 4. Application.

             Aplication A. (As usual.)

             Application B. You are to begin by saying 'I live on the
                             third floor.'

             Begin now.

Unit 19. Practice 1. Page 297.

      (Read as shown, pause, and confirm.
      For example: 'this fiesta' ... esta-fiesta.)

   1. 'this fiesta'   11. 'these lecciones'
   2. 'these fiestas'   12. 'these calles'
   3. 'this clase'   13. 'these apartamentos'
   4. 'these clases'   14. 'these números'
   5. 'this libro'   15. 'these horas'
   6. 'these libros'   16. 'these edificios'
   7. 'this hospital'   17. 'these casas'
   8. 'these hospitales'   18. 'these señoritas'
   9. 'these carros'   19. 'these dichos'
  10. 'these sillas'   20. 'these frases'

Unit 19.   Practice 2.   Page <u>297</u>.

(Read question, pause, confirm with affirmative answer.)

1.   ¿Ud. fue ayer? ...   Sí, fui ayer.

2.   ¿Usted fue al hospital ayer?... Sí, fui ayer.

3.   ¿Usted fue a la clase ayer? ... Sí, fui ayer.

4.   ¿Usted fue a la fiesta ayer?... Sí, fui ayer.

5.   ¿Usted fue al edificio?   ... Sí, fui.

6.   ¿Usted fue al apartamento?   ... Sí, fui.

7.   ¿Usted fue al apartamento
        de José?   ... Sí, fui.

8.   ¿Usted fue a Filadelfia?   ... Sí, fui.

9.   ¿Usted fue con José?   ... Sí, fui.

10. ¿Usted fue a la casa de María?. Sí, fui.

11. ¿Usted fue a la casa pequeña?.. Sí, fui.

12. ¿Usted fue <u>a</u>-preparar la
        lección?   ... Sí, fui.

13. ¿Usted fue <u>a</u>-recibir a la
        señorita?   ... Sí, fui.

14. ¿Usted fue <u>a</u>-recibir a la
        señora?   ... Sí, fui.

15. ¿Usted fue <u>a</u>-escribir
        los ejercicios?   ... Sí, fui.

Unit 19.   Practice 3.   Page <u>298</u>.

(Use same list as in Practice 1. Read 'that' and 'those' for 'this'
and 'these'.)

Unit 19.   Practice 4.   Page <u>298</u>.

1.   my city ...   mi ciudad

2.   my name ...   mi nombre

3.   my year ...   mi año

4.   my month ...   mi mes

5.   his comprehension ...   su comprensión

6.   his English ...   su inglés

7.   his Spanish ...   su español

8.   my comprehension ..   mi comprensión

9. my English ...	mi inglés
10. his exercise ...	su ejercicio
11. his exercises ...	sus ejercicios
12. his ten minutes ...	sus diez minutos
13. my sentence ...	mi frase
14. my phrases ...	mis frases
15. his sentences ...	sus frases
16. my number ...	mi número
17. his numbers ...	sus números
18. his couch ...	su sofá
19. his boy-child ...	su niño
20. our boy-child ...	nuestro niño
21. our daughter ...	nuestra hija
22. our son ...	nuestro hijo
23. our invitation ...	nuestra invitación
24. his building ...	su edificio
25. our number ...	nuestro número
26. our apartment ...	nuestro apartamento
27. our lesson ...	nuestra lección
28. our street ...	nuestra calle
29. his street ...	su calle
30. his streets	sus calles
31. our streets ...	nuestras calles
32. our buildings ...	nuestros edificios
33. our building ...	nuestro edificio
34. our city ...	nuestra ciudad
35. our cities ...	nuestras ciudades
36. his boy-child ...	su niño
37. his boy-children ...	sus niños
38. his girl-child ...	su niña
39. his girl-children ...	sus niñas
40. our girl-children ...	nuestras niñas
41. our daughters ...	nuestras hijas
42. our daughter ...	nuestra hija
43. his daughter ...	su hija

44.	his daughters ...	sus hijas
45.	his apartments ...	sus apartamentos
46.	our city ...	nuestra ciudad
47.	our cities ...	nuestras ciudades
48.	her city ...	su ciudad
49.	her cities...	sus ciudades·
50.	our city ...	nuestra ciudad
51.	your city ...	su ciudad
52.	your cities ...	sus ciudades
53.	her daughter ...	su hija
54.	their daughter ...	su hija
55.	their city ...	su ciudad
56.	their boy-child ...	su niño
57.	their boy-children	sus niños
58.	their apartment ...	su apartamento
59.	their apartments ...	sus apartamentos
60.	their son ...	su hijo

Unit 19. Variations.

Part 2. Comprehension. Page 304.

1. ¿Usted vive en el tercer piso?   2. Sí, vivo en el piso tres.
3. ¿En qué piso vive María?   4. Vive en el piso catorce. Su edificio es muy grande.   5. Por favor, señor, dígame dónde vive la señora Williams.
6. La señora vive en este edificio en el piso nueve.   7. ¿Quién tiene que hacer eso?   8. José y yo somos los que tenemos que hacer eso.
9. Después del descanso, continuaremos.   10. Después de la fiesta, continuaremos con la clase.

11. ¿Usted quiere que yo prepare eso?   12. Sí, quiero que usted prepare eso después de las cinco.   13. ¿A las ocho esta noche o mañana por la mañana?   14. ¿Después de las ocho esta noche?   15. No, después de las nueve.   16. Después de las tres, continuaremos.   17. ¿Qué piensa hacer usted durante el descanso?   18. Durante el descanso pienso estudiar un poco, pero también voy a tomar café. ¿Y usted?   19. También voy a estudiar un poco, pero no voy a tomar café.   20. ¿Ah, sí? ¿Qué va a tomar?

<u>21</u>. Pues, no sé pero creo que voy a tomar chocolate. <u>22</u>. ¿Qué quiere decir 'chocolate'? ¿Cómo se dice eso en inglés? <u>23</u>. 'Chocolate' quiere decir <u>chocolate</u>. ¿Entiende? <u>24</u>. Sí, entiendo muy bien.

<u>25</u>. Sánchez piensa ir conmigo. ¿Quién es el que piensa ir con usted? <u>26</u>. Bueno, no sé. Creía que era Gómez el que iba conmigo. <u>27</u>. No, el que va con usted es José. <u>28</u>. No, usted no tiene razón. José no es el que va conmigo. <u>29</u>. El que va conmigo es Jones. <u>30</u>. ¡Imposible! Jones no es el que va con usted porque Jones tiene que preparar sus ejercicios.

<u>31</u>. Yo siempre tengo que estudiar, pero usted nunca tiene que estudiar. ¿Por qué es eso? <u>32</u>. Pues, en realidad, yo también tengo que estudiar. <u>33</u>. Yo nunca entiendo al profesor, y usted siempre lo entiende. ¿Por qué es eso? <u>34</u>. Pues, en realidad, a veces yo no lo entiendo tampoco. <u>35</u>. Señor profesor, ¿qué quiere usted que yo estudie esta noche? <u>36</u>. Quiero que estudie los ejercicios 3, 7. y 9. <u>37</u>. Estudiarlos o escribirlos? <u>38</u>. Pues, estúdielos, y si usted tiene que escribirlos, entonces escríbalos. <u>39</u>. ¿Qué quiere que yo haga esta tarde? <u>40</u>. ¿Esta tarde? Pues, vaya a mi oficina y continuaremos con los ejercicios.

<u>41</u>. ¿Cuándo piensa usted preguntarle eso al profesor? ¿Esta tarde? <u>42</u>. No, esta tarde no. Voy a preguntarle eso al profesor mañana. <u>43</u>. Sí, voy a hacer eso, pero después de preguntarle algo a María. <u>44</u>. ¿Qué quiere decir 'tomando café'? <u>45</u>. 'Tomando café' quiere decir <u>drinking coffee</u>. <u>46</u>. Entonces, ¿qué quiere decir 'estudiando la lección'? <u>47</u>. 'Estudiando la lección' quiere decir <u>studying the lesson</u>. <u>48</u>. Entonces si yo quiero decir <u>preparing the lesson</u>, tengo que decir 'preparando la lección'. <u>49</u>. Precisamente. Ahora, dígame cómo se dice '<u>I am drinking coffee</u>. <u>50</u>. No sé, pero creo que es 'Estoy tomando café'.

<u>51</u>. Sí, se dice 'Estoy tomando café', y también se puede decir 'Estoy molestando a José'.

52. Entonces, ¿cómo se dice <u>I am going</u>? <u>53</u>. Se dice 'voy'; <u>I am going tomorrow</u> es '<u>Voy mañana</u>'. Y <u>I am going to study</u> es, usted sabe, 'Voy a estudiar.' <u>54</u>. Muy bien, y muchas gracias.

Unit 19. Variations.

Part 3. New vocabulary. Page 304.

1.   A veces en mi clase de español, yo entiendo todo: entiendo al
     profesor, entiendo el libro, entiendo la lección, entiendo a los
     estudiantes, entiendo todo, todo. Pero, a veces, no entiendo nada.
     Ayer entendí todo, pero esta mañana no entendí nada. Esta tarde
     entendí un poco, pero esta mañana no entendí nada.

2.   Yo tengo que estudiar mucho esta tarde después de la clase porque
     esta noche voy a una fiesta. Tengo que estudiar después de la clase
     porque después de la fiesta no tengo tiempo. Entonces, si no puedo
     estudiar después de la fiesta, voy a estudiar antes de la fiesta.
     Voy a estudiar después de la clase y antes de la fiesta.

3.   Esto es una frase: ... 'Sánchez is in his office.' Esto también es
     una frase: ... 'I like the teacher quite a bit.' Pero esto no es una
     frase: 'class.' Y esto no es una frase tampoco:'temporarily.'
     Class es una palabra, y temporarily también es una palabra. En esta
     frase, Good morning, tenemos dos palabras. En esta frase también
     tenemos dos palabras: Yes, sir. La palabra'yes' es una palabra
     pequeña, pero la palabra temporarily es una palabra grande.

4.   A veces yo sé mis lecciones bien. Y a veces no las sé muy bien.
     Cuando sé mis lecciones bien, entonces estoy contento. Pero cuando
     no sé mis lecciones muy bien, estoy un poco triste. Anoche estudié
     mucho, y sé la lección de hoy muy bien. Hoy, yo estoy muy contento.
     Pero el señor Jones no estudió su lección muy bien, y hoy está un
     poco triste.

19.6

UNIT 20

Unit 20.   DIALOG - REVIEW

           (As usual with U-17, -18, and -19.)

New material   Page 316.

      Step 1. Comprehension. (As usual)

              Comprehension check. (As usual)

      Step 2. Pronunciation. (As usual)

      Step 3. Fluency. (As usual)

      Step 4. Participations.

              Participation A: (As usual)

              Participation B: You are to begin by saying:

                              Le-pregunté eso ayer y me

                              dijo que era colombiano.

Begin now.

Practice 10.   Page 325.   (Begin each one with 'Find out if I want
                                you...' and confirm as shown.)

1. Find out if I want you to bring it...
    ¿Usted quiere que lo traiga?

2. -- to say it...	¿Usted quiere que lo diga?
3. -- to prepare it...	¿Usted quiere que lo prepare?
4. -- to prepare it today or tomorrow...	¿Usted quiere que lo prepare hoy o mañana?
5. -- to bring it...	¿Usted quiere que lo traiga?
6. -- to bring it now or later...	¿Usted quiere que lo traiga ahora o después?
7. -- to write that...	¿Usted quiere que escriba eso?
8. -- to write that for me...	¿Usted quiere que le escriba eso?
9. -- to sell the car...	¿Usted quiere que venda el carro?
10. -- to sell the car for me...	¿Usted quiere que le venda el carr:
11. -- to receive that...	¿Usted quiere que reciba eso?
12. -- to receive that for me...	¿Usted quiere que le reciba eso?
13. -- to decide that...	¿Usted quiere que decida eso?

14.	-- to decide that for me...	¿Usted quiere que le decida eso?
15.	-- to recommend that...	¿Usted quiere que recomiende eso?
16.	-- to recommend that for me...	¿Usted quiere que le recomiende eso?
17.	-- to sell my house...	¿Usted quiere que venda su casa?
18.	-- to sell my house for me..	¿Usted quiere que le venda su casa?
19.	-- to prepare the lesson today...	¿Usted quiere que prepare la lección hoy?
20.	-- to prepare the lesson for me today or tomorrow...	¿Usted quiere que le prepare la lección hoy o mañana?

Unit 20.   VARIATIONS - Part 2.

   Comprehension.   Page 325.

   1. ¿Usted le preguntó eso a José?   2. Sí, le pregunté eso ayer.
3. ¿Ah, sí? ¿Qué le dijo?   4. Me dijo que no trabaja en el Departamento de
Estado, sino en el Departamento de Agricultura.

   5. ¡Oiga, Sánchez! ¿Le gusta la clase?   6. Sí, bastante.   7. ¿Le
gusta el profesor?   8. ¿Sí, mucho.   9. ¿De dónde es él?   10. De Chile, creo.

   11. Señora, ¿es usted americana?   12. No, yo no. Pero mi esposo sí.
13. ¡Oiga, Nora! ¿Usted quiere ir conmigo?   14. No, yo no. Pero Sánchez sí.
15. ¿Usted es profesor?   16. No, yo no. Pero Gómez sí.

   17. ¿Qué clase de trabajo hace usted?   18. ¿Quién, yo? Soy profesor.
19. Y, ¿qué clase de trabajo hace José?   20. ¿José? No hace nada.   21. ¿Qué
clase de libro es ese libro?   22. Es un libro de español.

   23. ¡Oiga, Nora! ¿Usted está contenta o triste?   24. Estoy contenta
porque terminé mis lecciones.   25. ¿Cuándo terminó?   26. Terminé a las ocho.
27. ¿A las ocho esta mañana?   28. No, a las ocho anoche.

   29. ¿Cuándo piensa estudiar la lección de mañana?   30. Pues, mañana
por la mañana.   31. ¡¿Mañana por la mañana?! ¡Imposible!   32. No, no es
imposible. Yo siempre estudio por la mañana, temprano.

33. ¡Oiga, Sánchez! ¿Qué quiere decir 'mañana por la mañana'?
34. ¿Cuál palabra no entiende? 35. La palabra 'por'. 36. Bueno, en esta
frase, la palabra 'por' quiere decir 'durante': se puede decir 'por la mañana'
o 'durante la mañana'.

37. Mi profesor quiere que yo escriba una carta. 38. Mi profesor
quiere que yo le escriba una carta. 39. José quiere que yo escriba el ejercicio diez. 40. José quiere que yo le escriba el ejercicio diez. 41. Sánchez
quiere que yo pregunte eso mañana. 42. Sánchez quiere que yo le pregunte eso
a José.

43. El profesor quiere que yo traiga el libro. 44. El profesor quiere
que yo le traiga el libro. 45. El profesor quiere que yo pregunte eso.
46. El profesor quiere que yo le pregunte eso.

47. ¿Usted tuvo que llevar a su hijo al hospital? 48. Sí, tuve que
llevarlo. Lo llevé anoche. 49. ¿A qué hora lo llevó? 50. Lo llevé a las
diez. 51. Señor profesor, ¿usted quiere que yo le lleve estos libros a su
oficina? 52. ¡Sí, como no! Muchas gracias. Lléveme los libros a mi oficina.

53. José quiere que yo vaya mañana. 54. José quiere que yo vaya por
la mañana a las diez. 55. Mi profesor no quiere que yo salga temprano de la
clase. 56. Mi profesor quiere que yo venga a la clase temprano. 57. No,
señor. No quiero que usted venga a las nueve, sino a las ocho. 58. No, señor
No salga antes de las diez. 59. Por favor, no salga hasta después de las diez
60. Por favor, no quiero que ustedes vayan hoy, sino mañana.

61. Por favor, vengan a mi oficina mañana por la mañana. 62. Por
favor, no vengan antes del mediodía. 63. El profesor quiere que yo entienda
eso bien, y no quiere que yo salga temprano. 64. El profesor no quiere que
yo salga temprano porque quiere que yo entienda todo bien. 65. Sánchez no
quiere que yo vaya tan temprano porque quiere que yo vaya después de la clase.

Unit 20.   VARIATIONS - Part 3.

New vocabulary.   Page 325.

1.   Ustedes saben que la palabra 'más' quiere decir more.
     Ahora, si usted usa la palabra 'más' con un número...
     'more than five!... entonces, usted tiene que usar la
     palabra 'de': 'más de cinco'. Muy bien. ¿Cómo se
     dice: more than eight, 'más ocho' o 'más de ocho'?

2.   José tiene ocho libros. Tiene más de siete libros,
     pero menos de nueve. José no tiene nueve libros;
     tiene menos de nueve: tiene ocho. Pero Nora tiene
     nueve libros; tiene más de ocho, pero menos de diez.

3.   Venezuela es un país; Chile es otro país.
     Washington es una ciudad, y Chicago es otra ciudad.
     En mi oficina tengo muchos libros. Tengo libros de
     español y otros de inglés.

4.   Una silla es una cosa. Una mesa es una cosa también,
     y un libro también es una cosa. Pero una silla es
     una cosa grande, y un libro es una cosa pequeña.

UNIT 21

Unit 21.   DIALOG - REVIEW

        (As usual with U-18, -19, and 20.)

New material   Page 342.

      Step 1. Comprehension. (As usual.)

              Comprehension check. (As usual.)

      Step 2. Pronunciation. (As usual.)

      Step 3. Fluency. (As usual.)

      Step 4. Participations.

              Participation A: (As usual.)

              Participation B: You are to begin by asking:

                        ¿Cuántos hijos tienen ustedes?

Begin now.

Practice 1.   Page 344.   (Read for comprehension.)

1. ¿Cuándo supo que iba a Quito?
2. Anoche supe que iba a Quito.

3. ¿Cuándo supo que iba a Chile?
4. Ayer supe que iba a Chile.

5. ¿Cuándo supo eso?
6. Lo supe anoche.

7. ¿Cuándo supieron que iban a Colombia?
8. Lo supimos ayer por la mañana.

9. ¿Cuándo supo usted que salió Juan?
10. Lo supe ayer por la tarde.

11. ¿Supo usted qué pasó con el niño?
12. No, no supe nada.

13. ¿Supo usted si el niño se cayó del sofá?
14. No. Solamente supe que se lastimó la cabeza.

15. ¿Supo usted qué pasó con las cartas?

16. No, no supe nada. Creo que salieron anoche.

17. ¿Supo usted qué pasó con José?

18. No, no supe nada. Pero creo que salió temprano.

19. ¿Supo si las cartas salieron?

20. Sí. Salieron esta mañana temprano.

Practice 6.   Page **349.**   (NOTE: The purpose here is to illustrate the possible auditory confusion between ¿Qué va a ser? and ¿Qué va a hacer? Read the underlined portion of each sentence as suggested by the spelling. Read each one <u>twice</u>, with no compassion, but with enough pause to permit student to activate his tape recorder.)

     Listen carefully, and be prepared to stop the tape after each one while you decide what the correct answer is:

a. ¿<u>Kévaser</u> usted en Santiago? ¿Cónsul General?   (2)

b. ¿<u>Kévaser</u> usted mañana?   (2)

c. ¿<u>Kévaser</u> usted esta noche?   (2)

d. ¿<u>Kévaser</u> José? ¿Estudiante?   (2)

e. ¿Quién <u>vaser</u> Cónsul General?   (2)

f. ¿<u>Kévaser</u> José?   (2)

g. ¿Cuándo <u>vaser</u> eso usted?   (2)

Practice 7   Page **350.**   (Read question, pause for student's answer, then confirm. Except for the time element, always reply '... voy a preparar la lección.')

    Example: ¿<u>Kévaser</u> usted mañana?...

             Mañana voy a preparar la lección.

1. ¿<u>Kévaser</u> Ud. mañana?   ... Mañana voy a preparar la lección.

2. ¿<u>Kévaser</u> Ud. esta noche?.. Esta noche voy a preparar la lección.

3. ¿<u>Kévaser</u> Ud. hoy?...   Hoy... etc., etc....

4. ¿<u>Kévaser</u> Ud. esta tarde?

5. ¿<u>Kévaser</u> Ud. esta mañana?

6. ¿<u>Kévaser</u> Ud. mañana por la tarde?

8. ¿Kévaser Ud. mañana por la noche?

9. ¿Kévaser Ud. al mediodía?

10. ¿Kévaser Ud. hoy al mediodía?

11. ¿Kévaser Ud. mañana al mediodía?

12. ¿Kévaser Ud. hoy por la tarde?

13. ¿Kévaser Ud. hoy por la mañana?

14. ¿Kévaser Ud. hoy por la noche?

15. ¿Kévaser Ud. hoy a la medianoche?

16. ¿Kévaser Ud. a las 5:00?

17. ¿Kévaser Ud. a las 7:00?

18. ¿Kévaser Ud. después de las 5:00?

19. ¿Kévaser Ud. antes de las 4:00?

20. ¿Kévaser Ud. después del mediodía?

Practice 9.   Page **351.**   (Read for comprehension.)

1. Es la una.	11. ¿A las cuatro y media?
2. ¿Qué hora es?	12. Son las nueve y media.
3. Es la una y media.	13. ¿A qué hora es la fiesta?
4. Son las doce.	14. Mañana, a las cinco y media.
5. Son las doce y media.	15. A las dos y media.
6. ¿A qué hora?	16. A la una y media.
7. A las doce y media.	17. Son las tres y media.
8. Son las once.	18. ¿Por qué a la una y media?
9. Son las once y media.	19. ¿Dónde a las seis y media?
10. A las once y media.	20. ¿Aquí a las cuatro y media?

Unit 21.   VARIATIONS - Part 2

     Comprehension.   Page **355.**

     1. ¿Qué clase de trabajo hace usted?   2. Yo no hago nada.   3. ¿Y Sánchez? ¿Qué clase de trabajo hace?   4. El es profesor.   5. ¿Usted es profesor también?   6. No, yo no, pero Sánchez sí.   7. ¿Usted trabaja aquí?   8. No, pero Gómez sí.   9. ¿Qué clase de libro es éste?   10. Es un libro de español.

11. ¿Qué va a hacer usted esta tarde? 12. Pienso ir a la ciudad.
13. Y mañana, ¿qué va a hacer usted? 14. Voy a mi trabajo. 15. ¿Dónde es su
trabajo? 16. En la ciudad. 17. ¿Qué clase de trabajo es? ¿Es fácil o difícil?
18. Mi trabajo siempre es difícil. 19. Pues, ¡lo felicito! 20. Gracias. Yo lo
felicito a usted también.

21. ¿Usted dice que tiene un problema? 22. No, yo no tengo problemas.
23. Entonces, ¿quién es el que tiene problemas? 24. Pues, de veras, aquí no
hay problemas. 25. Me alegro, porque no me gustan los problemas.

26. Tuve que llevar a mi esposa al hospital. 27. ¿Cuándo tuvo que
llevarla? 28. Tuve que llevarla anoche. 29. Dígame, ¿ustedes piensan llevar a
sus hijos? 30. No sé. Creo que vamos a llevarlos.

31. ¿Qué hora es? 32. Son las tres y media. 33. ¿Cuándo salió usted
anoche? 34. Salí a las diez y media. 34. ¿Cuándo terminó usted de estudiar
anoche? 35. Terminé de estudiar temprano. 36. Sí, pero ¿a qué hora? 37. Eran
las diez y media. 38. ¿Qué hora era cuando usted terminó su trabajo?
39. ¿Anoche? Pues, creo que eran las once cuando terminé. 40. No, no eran las
once; eran las once y media.

41. ¿Su hijo es universitario? 42. ¿Cuál? ¿Mi hijo mayor? 43. Sí,
el que trabaja a veces con Sánchez. 44. Sí, él es universitario. ¿Usted tiene
hijos universitarios? 45. No. Sólo tenemos un hijo, y no es universitario
todavía. 46. ¿Dónde piensa estudiar él? 47. Dice que quiere estudiar en el
estado de Michigan. 48. ¿De veras? ¡Tan lejos! 49. Eso creo yo también;
pero le gusta mucho el estado de Michigan. 50. A mí no. A mí me gusta más
este estado.

51. ¿Cuándo es la fiesta? 52. Me dijeron que era mañana. 53. ¿Dónde?
54. La fiesta va a ser en la casa de José. 55. ¿La casa de José es bastante
grande? 56. Ya lo creo; es muy grande. 57. ¿Qué va a hacer usted ahora?
58. Ahora voy a estudiar un poco, antes de ir a la clase. 59. Y después de la
clase, ¿qué va a hacer? 60. Pues, creo que voy a tener que ir a la casa
porque tengo mucho que estudiar.

Unit 21. VARIATIONS - Part 3   Page <u>356</u>.

1. Listen to this short exchange between two people:

      A: Usted es americano, ¿<u>no</u>?

      B: Sí, señor. Soy americano.

Listen to this similar exchange:

      A: Usted es colombiano, ¿<u>no</u>?

      B: Sí, señor. Soy colombiano.

And listen to this one:

      A: Usted va a la fiesta, ¿<u>no</u>?

      B: ¡Ya lo creo! Cómo no.

And this one:

      A: Usted conoce a María, ¿<u>no</u>?

      B: Sí, la conozco muy bien.

And this one:

      A: Usted trabaja aquí, ¿<u>no</u>?

      B: Sí, señor.

2. Nosotros estamos aquí en la oficina de Sánchez. José no está aquí con nosotros. José está <u>allá</u> en la oficina de Gómez. José no está aquí, está <u>allá</u> con Gómez.

Yo vivo aquí en este edificio. El señor Jones vive <u>allá</u> en ese edificio. Yo vivo aquí, cerca de la oficina. El señor Jones vive <u>allá</u>, lejos de la oficina.

3. Anoche yo salí de la fiesta a las 11:00, fui a mi casa y <u>llegué</u> a las 12:00. José salió de la fiesta también a las 11:00, pero él vive más cerca, y <u>llegó</u> a su casa a las 11:30.

Esta mañana yo salí de mi casa a las 8:00, y <u>llegué</u> a la oficina a las 9:00. Me gusta <u>llegar</u> a la oficina temprano. A José no le gusta <u>llegar</u> a la oficina temprano. Esta mañana salió de la casa a las 8:30 y <u>llegó</u> a la oficina a las 9:30.

4. Usted me dijo que nació en el año 1930. Pero no me dijo
   en qué mes nació. ¿Usted nació en abril, o en mayo?

   No, no nací en esos meses. Nací el tercer mes del año:
   marzo. Marzo es el mes antes de abril.

   Y su esposa, ¿ella nació en el mes de marzo también?

   No, mi esposa no nació en marzo. Ella nació en el mes
   de junio. Junio es el mes después de mayo. Yo nací en
   el mes de mayo, pero mi esposa nació en el mes de junio.

UNIT 22

Unit 22.   DIALOG - REVIEW

    (Read S... S... Dialogs of U-19, -20, and -21)

  New material.   Page 372.

      Step 1.   Comprehension.   (As usual, ESSESS)
           Comprehension check.   (S... E)
      Step 2.   Pronunciation. Book closed.   (Every line: S... S...)
      Step 3.   Fluency. Book closed.   (Only underlined
                   sentences: S... S...)
      Step 4.   Participation.

        Participation A:

            You are to assume the role of Jones.
            Nancy begins the conversation by asking
            you: 'And what are you going to do in
               Quito?'

        Participation B:

            You are to assume this time the role of
            Nancy. Begin by asking: 'And what are
            you going to do in Quito?'

  Begin now.

  Practice 7.   Page 381.(Read for comprehension)

  a.   Model: Y, ¿qué piensan hacer ustedes con ellos?

    1.   ¿Qué piensan escribir ustedes?

    2.   ¿Qué piensan escribirle ustedes?

    3.   ¿Cuándo piensan escribirnos ustedes?.

    4.   ¿Cuándo piensan hablar con él?

    5.   Pero, ¿por qué van a-hablar con él?

    6.   ¿Cuándo piensan levantarse ustedes?   ¿A las 7:00?

    7.   ¿Por qué piensan levantarse (ustedes) tan temprano?

    8.   ¿Qué piensan traer (ustedes) a la fiesta?

b. <u>Model</u>:   Estoy seguro que vamos a-llevarlos. (<u>Note</u>: Girls‚would
                                                          say <u>Estoy segura</u>..

   1. Estoy seguro que vamos a-quedarnos aquí.

   2. Estoy seguro que vamos a-llegar tarde.

   3. Estoy seguro que vamos a-levantarnos tarde.

   4. José está seguro que (él) va a-levantarse tarde.

   5. Nora está segura que vamos a-terminar hoy.

c. <u>Model</u>:   ¿Ustedes ya saben a-dónde van?

   1. ¿Ustedes ya saben a-dónde quieren ir?

   2. ¿Ustedes ya saben a-dónde van ellos?

   3. ¿Ustedes ya saben a-dónde van ellas?

   4. ¿Ustedes ya saben cuándo es la fiesta?

   5. ¿Ustedes ya saben quién es el profesor?

   6. ¿Ustedes ya saben lo que (él) dijo?

   7. ¿Ustedes ya entienden lo-que (él) dijo?

d. <u>Model</u>:   Pues, como soy nuevo...

   1. Pues, como soy nuevo, no sé.

   2. Pues, como no sé español...

   3. Pues, como José no quiere ir...

   4. Pues, como yo no puedo ir...

   5. Pues, como somos nuevos...

   6. Pues, como José es nuevo...

   7. Pues, como María es nueva...

   8. Pues, como no tenemos que ir...

<u>Practice 9</u>.   Page <u>383</u>. (Read the number, the Spanish word, pause and
                        confirm by asking: ¿<u>El suyo o el mío</u>?
                        Use the words as listed in the Student Book.)

<u>Practice 10</u>. Page <u>383</u>. (Read as in Practice 9, but use the nouns of
                        Practice 10.)

<u>Practice 11</u>. Page <u>384</u>. (Use the nouns from Practice 9, and confirm by
                        saying: 'un _____ mío' with the noun in the
                        blank.)

                            22.2

Unit 22.   VARIATIONS - Part 2.

Comprehension.   Page 384.

1. (a) Ojalá que tenga mucho éxito.

    (b) Gracias. Ojalá que Ud. tenga mucho éxito también.

2. (a) Ojalá que María y Nora tengan éxito.

    (b) Claro. Ojalá que las dos tengan mucho éxito.

3. (a) ¿Le gusta la clase?

    (b) ¿A quién?

    (a) A Usted.

    (b) Sí, como no. Me gusta mucho.

4. (a) ¿Sabe usted si a José le gustó la fiesta?

    (b) ¿Cómo?

    (a) Le pregunté que si usted sabe si a-José le gustó la fiesta.

    (b) ¿Que si le qué?

    (a) ¡Gustó! ¡Que si le gustó la fiesta!

    (b) ¡Ah, gracias! Ya entiendo. Sí, le gustó mucho.

5. (a) ¿Usted tiene que estudiar mucho?

    (b) ¡Ya lo creo! Tengo que estudiar lo más que pueda.

6. (a) ¿Usted tiene que hablar mucho?

    (b) ¿Yo? ¿Hablar? --¿Dónde?

    (a) Pues, en la clase.

    (b) Como no. Tengo que hablar lo más que pueda.

7. (a) ¿Usted tiene que aprender español?

    (b) ¿Quién, yo? ¡Claro! Tengo que aprender lo más que pueda.

8. (a) ¿Usted tiene que levantarse temprano?

    (a) A veces temprano y a veces tarde.

    (a) Y mañana... ¿tiene que levantarse temprano?

    (b) ¿Mañana? ¡Caramba! ¡Mañana tengo que levantarme lo más
         temprano que pueda!

9. (a) ¿Usted trabaja mucho?

    (b) ¿Dónde? ¿En la clase?

    (a) ¡Claro! ¿Es difícil o es fácil?

    (b) Es difícil. Siempre tengo que trabajar lo más que pueda.

10. (a) ¿Quién es Nancy?

    (b) Nancy es la señora Williams. Es la esposa de George Williaı

    (a) Y, ¿quién es George Williams?

    (b) El señor Williams va a ser nuestro nuevo Cónsul.

    (a) ¿Ah, sí? ¿Dónde?

    (b) En Santiago.

    (a) ¿Cuándo supo usted eso?

    (b) Lo supe esta mañana.

UNIT 23

Unit 23.   **Practice 3.** Page 399.(Read question, pause for student to activate
tape recorder, then confirm.   Always use <u>siete</u>
in the formula 'Hace siete ____ que ____.')

   1. ¿Cuántas horas hace que José salió?

   2. ¿Cuántos meses hace que Ud. se lo mandó?

   3. ¿Cuántos días hace que Ud. se lo mandó?

   4. ¿Cuántos minutos hace que Ud. la vió?

   5. ¿Cuántos días hace que Ud. salió?

   6. ¿Cuántas horas hace que Ud. terminó?

   7. ¿Cuántos minutos hace que Ud. terminó?

   8. ¿Cuántos días hace que Ud. fue a ver a María?

   9. ¿Cuántos días hace que Ud. fue a ver a José?

  10. ¿Cuántos años hace que Ud. fue a Méjico?

Unit 23.   **Practice 4.**   Page 400.(Read section title and number in Spanish:
Grupo A, número uno, etc. and allow <u>short</u>
pause for student to make a fast response,
then confirm as shown below.)

   Grupo A: 1. ... José me lo trajo.

            2. ... José nos lo trajo.

            3. ... José se lo trajo.

            4. ... José se lo trajo.

            5. ... José·se lo trajo.

   Grupo B: 1. ... José me lo mandó.

            2. ... José nos lo mandó.

            3. ... José se lo mandó.

            4. ... José se lo mandó.

            5. ... José se lo mandó.

Grupo C: 1. ... José me lo mandó.
           2. ... José nos lo mandó.
           3. ... José se lo mandó.
           4. ... José se lo mandó.
           5. ... José se lo mandó.

Grupo D: 1. ... Sánchez me lo vendió.
           2. ... Sánchez me lo vendió.
           3. ... Sánchez se lo vendió.
           4. ... Sánchez nos lo vendió.
           5. ... Sánchez se lo vendió.

Unit 23. Practice 6. Page 401. (Ask the question, pause for student to reply,
                                 then confirm. Use two voices if possible.)

   1. ¿Ud. quiere que se lo traiga?
       ... Sí, tráigamelo.

   2. ¿Ud. quiere que se lo diga?
       ... Sí, dígamelo.

   3. ¿Ud. quiere que lo haga ahora?
       ... Sí, hágalo ahora.

   4. ¿Ud. quiere que se lo traiga ahora?
       ... Sí, tráigamelo ahora.

   5. ¿Ud. quiere que se lo diga ahora?
       ... Sí dígamelo ahora.

   6. ¿Ud. quiere que se lo escriba ahora?
       ... Sí, escríbamelo ahora.

   7. ¿Ud. quiere que se lo lleve ahora?
       ... Sí llévemelo ahora.

   8. ¿Ud. quiere que se lo venda ahora?
       ... Sí, véndamelo ahora.

9. ¿Ud. quiere que se lo recíba ahora?

... Sí, recíbamelo ahora.

10. ¿Ud. quiere que se lo termine ahora?

... Sí, termínemelo ahora.

Unit 23.   Practice 7.   Page 402.(Read for comprehension.)

Grupo A: Modelo: Hágame el favor de darme su libro.

1. Hágame el favor de escribirme una carta.

2. Hágame el favor de hablar con Jones.

3. Hágame el favor de preguntarme eso.

4. Hágame el favor de preguntarme eso después.

5. Hágame el favor de levantarse a las cinco.

6. Hágame el favor de levantarse más temprano.

Grupo B: Modelo: Ahora, ábrame la puerta, por favor.

1. Ahora, hábleme en español.

2. Ahora, no me hable en inglés; hábleme en español.

3. Por favor, no venga a mi oficina; venga a mi casa.

4. Por favor, no me lleve eso a la oficina; llévemelo a la ca

5. Por favor, no se levante antes de las siete; levántese a la
    siete y media.

6. Por favor, no se levante tan tarde; levántese más temprano

Grupo C: Modelo: Se lo di en este mismo momento.

1. Se lo di esta mañana.

2. Se lo traje en este mismo momento.

3. Se lo escribí hace un momento.

4. Se lo escribí en este mismo momento.

5. Se lo dije en este mismo momento.

6. Se lo mandé hace un momento.

7. Se lo mandé en este mismo momento.

Grupo D: Modelo: Es un ejercicio nada más.
1. Es un libro nada más.
2. Es un niño nada más.
3. El profesor me dijo que era un ejercicio nada más.
4. Tenemos que estudiar un ejercicio nada más.
5. Voy a estudiar un poco nada más.

Grupo E. Modelo: Después de abrir la puerta.
1. Después de aprender la lección.
2. Después de aprender español.
3. Después de ver a José.
4. Después de ver a María.
5. Después de hablar con el profesor.
6. María me lo dijo después de hablar con el profesor.
7. Yo se lo dije a Nora después de llegar esta mañana.
8. Yo se lo dije a José después de llegar anoche.

Unit 23. **Practice 9.** Page 404. (Read each of the following, pause for student's response, then confirm.)

1. el carro... ¿El suyo, o el nuestro?
2. las clases... ¿Las suyas, o las nuestras?
3. el permiso... ¿El suyo, o el nuestro?
4. la sección... ¿La suya, o la nuestra?
5. el hijo... ¿El suyo, o el nuestro?
6. la hija... ¿La suya, o la nuestra?
7. las niñas... ¿Las suyas, o las nuestras?
8. los amigos... ¿Los suyos, o los nuestros?
9. la amiga... ¿La suya, o la nuestra?
10. las visas... ¿Las suyas, o las nuestras?

23.4

Variations

Unit 23. Part 2. Comprehension. Page 404.

1. (a) ¿Dónde está el carro?
   (b) ¿Cuál? ¿El suyo o el mío?
   (a) El mío.
   (b) El suyo está aquí, cerca del edificio.

2. (a) Sr. Jones, hágame el favor de darme su libro.
       Déme su libro.
   (b) ¿El libro mío o el libro de María?
   (a) El de usted.
   (b) Muy bien. Aquí lo tiene.

3. (a) Sr. Jones, hágame el favor de darme su libro.
   (b) ¿Ud. quiere que yo le dé mi libro?
   (a) Precisamente. Quiero que Ud. me dé su libro.
       Démelo.
   (b) Muy bien, señor. Lo que Ud. diga. Aquí lo tiene.

4. (a) ¡Oiga, José! ¿Qué es eso?
   (b) ¿Qué?
   (a) Eso que Ud. tiene.
   (b) ¡Sí, pero esto que yo tengo dónde!
   (a) En la mano.
   (b) ¿En la qué?
   (a) Mano; la mano; en la mano. ¿No entiende?
   (b) No, no entiendo. No sé lo que quiere decir mano.
       ¿Qué quiere decir mano?
   (a) ¿En inglés?
   (b) ¡Claro!
   (a) Quiere decir 'hand'.
   (b) ¡No me diga! ¿Es una palabra femenina?
   (a) Sí, es femenina. Por eso se dice 'la mano' y no 'el mano'.

(b) Muy bien. Ahora, ¿cuál era la pregunta?

(a) La pregunta era: ¿Qué tiene Ud. en la mano?

(b) ¿En la mano? Nada; un libro nada más.

5. (a) ¿Le trajo Ud. el libro a María?

(b) ¿Cuál libro? ¿El mío o el de María?

(a) El de ella.

(b) Claro. Se lo traje esta mañana.

6. (a) José, quiero que Ud. se levante más temprano.

(b) ¿Cómo? ¿Qué quiere que yo haga?

(a) Quiero que Ud. se levante más temprano.

(b) ¿... que yo me... qué?

(a) Que Ud. se levante... ¡se levante!

(b) Ah, Ud. quiere que yo me levante... pero, ¡ya me levanté!

(a) No, no. Estoy hablando de mañana: quiero que mañana usted se levante más temprano.

(b) Ah, muy bien. Entonces, mañana voy a levantarme muy temprano.

23.6

UNIT 24

Unit 24.   DIALOG - REVIEW

    (Read S... S... Dialogs of U-21, -22, and -23)

New material.   Page 415.

        Step 1.   Comprehension.   (As usual, ESSESS)
                  Comprehension check.   (S... E)
        Step 2.   Pronunciation.   Book closed.   (Every line: S... S...)
        Step 3.   Fluency.   Book closed.   (Only underlined
                                           sentences: S... S...)
        Step 4.   Participation.
                  Participation A:

                        You are to assume the role of Bill. Jones
                        begins the conversation by saying 'Hey,
                        Bill! Did they change your instructor on
                        you?'

                  Participation B:

                        You are to assume this time the role of
                        Jones. Begin by saying 'Hey, Bill! Did
                        they change your instructor on you?

        Begin now.

        Practice 2.   Page 417.(Read number and its sentence, then
                               allow a pause for student's repetition.
                               Read numbers in Spanish.)

        1.   ¿Qué es lo que quiere?
        2.   ¿Es esto lo que usted quiere?
        3.   Creo que está aquí.
        4.   ¿Qué es eso?
        5.   No sé lo que dijo.
        6.   Lo que no sé es 'cuándo'.
        7.   Quiero mandarle todo lo que tenemos aquí.
        8.   ¿José dijo eso?
        9.   No me dijo cuándo iba.
       10.   Les dije lo que usted me dijo.

                                24.1

Practice 3.   Page 417.(Read question with numbers in Spanish, pause
                       for student's response, then confirm.)

Example:

        Número uno: ¿Quiere que se lo traiga?...
                      Sí, tráigamelo.

        (All are affirmative answers.)

            1. ¿Quiere que se lo traiga?
            2. ¿   "   "   "   " mande?
            3. ¿   "   "   "   " escriba?
            4. ¿   "   "   "   " defienda?
            5. ¿   "   "   "   " recomiende?
            6. ¿   "   "   "   " venda?
            7. ¿   "   "   "   " reciba?
            8. ¿   "   "   "   " cambie?
            9. ¿   "   "   "   " abra?
           10. ¿   "   "   "   " dé?

Practice 4. Page 418.(Read question with numbers in Spanish as before,
                      pause for student's response, then confirm af-
                      firmatively with two clitics.)

            1. ¿Quiere que le traiga el libro?
            2. ¿   "   " le traiga la carta?
            3. ¿   "   " le traiga los carros?
            4. ¿   "   " le mande la visa?
            5. ¿   "   " le mande el chocolate?
            6. ¿   "   " le mande las palabras?
            7. ¿   "   " le mande los tres libros?
            8. ¿   "   " le escriba esa carta?
            9. ¿   "   " le escriba el libro?
           10. ¿   "   " le escriba este ejercicio?

Practice 5. Page 418.(Read as before in Practice 4.)

1. ¿Quiere que le defienda la lección?
2. ¿ "   "   le defienda el libro?
3. ¿ "   "   le recomiende esa secretaria?
4. ¿ "   "   le recomiende los dos instructores?
5. ¿ "   "   le venda el carro?
6. ¿ "   "   le venda la casa?
7. ¿ "   "   le venda los libros?
8. ¿ "   "   le abra la puerta?
9. ¿ "   "   le dé la carta?
10. ¿ "   "   le dé esa silla?

Practice 6. Page 418.

Example:

Your boss asks you: ¿Ud. me mandó esa carta?

And you reply: Sí, se la mandé ayer por la tarde.

(Use ayer por la tarde on all of them. Read question,
pause for student's response, then confirm.)

1. ¿Ud. me mandó esa carta?...
      Sí, se la mandé ayer por la tarde.

2. ¿Ud. me mandó este documento?
      Sí, (etc.)

3. ¿Ud. me dió esa carta?

4. ¿Ud. me dió esa mesa?

5. ¿Ud. me recomendó ese instructor?

6. ¿ " me escribió las cartas?

7. ¿ " me cambió las sillas?

8. ¿ " me trajo los documentos?

9. ¿ " me abrió la oficina?

10. ¿ " me dió ese documento?

Practice 7.   Page 420. (Read without compassion: objective is to
               identify if caer has one or two clitics.
               Leave a pause for student to write either
               'f' (for 'falling') or 'd' (for 'dropping')
               after each one. Read one time only.)

(f)   1. El joven se cayó de la escalera.

(d)   2. ¡Ya lo creo! Se me cayeron las dos.

(d)   3. Tenga mucho cuidado que no se le caigan las tazas.

(d)   4. No, ¡qué va! A mí no se me cayó nada.

(f)   5. La pobrecita se resbaló y se cayó en la nieve.

(f)   6. ¿Cuándo dijiste que se-cayó?

(f)   7. Parece mentira que Ud. me esté diciendo que se
          cayeron todos.

(d)   8. Sí, es verdad. Se nos cayó la caja, pero no se
          rompió nada.

(f)   9. Al pobre se le rompió el brazo cuando se cayó.

(d) 10. A la pobre Nela se le cayeron todas las copas que
          traía en la bandeja.

(f) 11. ¡Caramba! Salimos a la calle, y en dos minutos nos
          caímos.

(d) 12. ¿A quién, dijo Ud., que se le cayó el reloj?

(f) 13. Di un tropezón y me caí.

(f) 14. ¿Se cayeron antes o después de la lluvia?

(d) 15. A las niñas se les cayeron los vasos.

Practice 10.   Page 422. (Read once only, for comprehension.)

   a. Modelo: ¿Le cambiaron su instructor?

       1. ¿Le cambiaron su carro?

       2. ¿Le cambiaron su clase?

       3. Sí, me cambiaron mi clase.

       4. Sí, me cambiaron mi carro.

       5. Nos cambiaron la sala de clase.

       6. Nos cambiaron el profesor.

b. Modelo: ¿Ah, sí? ¿Cómo es?

    1. ¿Cómo es? ¿Es alto?

    2. ¿Cómo es el instructor? ¿Bueno?

    3. ¿Cómo es la secretaria? ¿Bonita?

    4. ¿Cómo es el amigo de Carlos? ¿Inteligente?

    5. ¿Cómo es la Unidad 12? ¿Difícil o fácil?

c. Modelo: Pues, todavía no sé.

    1. Pues, todavía no entiendo.

    2. Pues, todavía no entiendo la lección.

    3. Pues, todavía no puedo hablar.

    4. Pues, todavía no puedo hablar español.

    5. Pues, todavía no puedo hablar mucho.

    6. Pues, todavía no sé hablar mucho.

    7. Pues, todavía no sé hablar bien.

d. Modelo: ¿Qué le pareció?

    1. ¿Qué le pareció la secretaria?

    2. ¿Qué le pareció el libro?

    3. ¿Qué le pareció esta lección?

    4. Esta lección le pareció difícil a José.

    5. Pero a Nora, esta lección le pareció fácil.

e. Modelo: Creo que va a ser muy bueno.

    1. Creo que esta lección va a ser muy importante.

    2. Creo que este edificio va a ser muy grande.

    3. Creo que esta lección va a ser muy fácil.

    4. Creo que José va a ser un estudiante bueno.

    5. Creo que María va a ser una profesora muy buena.

f. Modelo: Tiene fama de ser bueno.

    1. María tiene fama de ser bonita.

    2. José tiene fama de ser alto.

3. José tiene fama de ser muy inteligente.

4. José tiene fama de ser un estudiante muy bueno.

5. La lección doce tiene fama de ser difícil.

6. Pero esta lección tiene fama de ser fácil.

Part 2. Comprehension. Page 424.

1. (a) ¿Cuántas lecciones hay en este libro?

   (b) ¿En cuál libro?

   (a) En el libro de español.

   (b) No sé, pero hay muchas.

2. (a) ¡Oiga, Sánchez! ¿Cómo se llama el profesor nuevo?

   (b) ¿El suyo o el mío?

   (a) El suyo.

   (b) Creo que se llama Hernández, Pablo Hernández.

3. (a) ¡Oiga, Jones! ¿Usted ya terminó de estudiar esta unidad?

   (b) ¿En serio?

   (a) ¡Claro!

   (b) No, todavía no.

   (a) ¿Cuándo piensa terminar?

   (b) Pues, no sé. No muy pronto. Como Ud. sabe, es muy difícil.

4. (a) Me dijeron que se le cayeron las tazas.

   (b) ¿Se le cayeron las ...qué?

   (a) Las tazas... ¡tazas!

   (b) ¿Qué quiere decir 'tazas'?

   (a) ¿En inglés o en español?

   (b) En inglés, por favor.

   (a) Quiere decir 'cups'.

   (b) Muy bien, y... ¿a quién se le cayeron?

   (a) A María.

24.6

5. (a) ¿Vió el carro de Nora?

   (b) Sí, lo vi. Lo vi ayer por la tarde.

   (a) ¿Qué le pareció?

   (b) Pues, a mí me pareció muy bonito, pero
        muy grande.

   (a) ¿A usted no le gustan los carros grandes?

   (b) No. Me gustan los pequeños.

6. (a) Usted acaba de decirme que a María se le
        cayeron las tazas.

   (b) Precisamente. Se lo dije hace un minuto.

   (a) Ahora, yo quiero preguntarle cuándo se le
        cayeron. ¿Puede decirme cuándo se le cayeron?

   (b) ¿Cuándo se le cayeron...? ¿Qué?... ¿Las tazas?

   (a) ¡Claro!

   (b) Sí, puedo decírselo.

   (a) Pues, ¡dígamelo, por favor!

   (b) Se le cayeron ayer por la tarde.

UNIT 25

Unit 21. DIALOG - REVIEW

(As usual with U-22, -23, and -24.)

New Material   Page 438.

Step 1. Comprehension. (As usual.)

Comprehension check. (As usual.)

Step 2. Pronunciation. (As usual.)

Step 3. Fluency. (As usual.)

Step 4. Participations.

Participation A: (As usual.)

Participation B: You are to begin by saying:

El mío no es malo tampoco.

Begin now.

Practice 1. Page 440.

(Read the question, pause for the answer, then confirm. All
answers start with No sé...)

1. ¿Dónde está José?
        No sé dónde está José.

2. ¿Quién es ese señor?
        No sé quién es ese señor.

3. ¿Dónde lo-cambió Hernández?
        No sé...etc.

4. ¿Dónde la vió José?
        No sé...etc.

5. ¿Cuándo fue María?

6. ¿Cuándo salió María?

25.1

7. ¿Cuándo se-cayó José?
8. ¿Cuándo se le cayó el libro a Nora?
9. ¿Dónde se le cayó el libro a ella?
10. ¿Dónde cambió Gómez el carro?
11. ¿Dónde vió José a Alicia?
12. ¿Cuándo la vió José?
13. ¿Cuánto tiempo estudió María?
14. ¿Cuántos años estudió aquí su papá?
15. ¿Cuántas horas estudió su hijo?

Practice 3. Page 442.

(Read the n.f., pause, then confirm: terminar.... terminando.)

terminar	comer	llegar	ofrecer
acabar	abrir	defender	vivir
vender	escribir	entender	traer
permitir	dar	hacer	pasar
decidir	hablar	llevar	lastimar
recibir	aprender	salir	estudiar

Practice 4. Page 442.

(Read for comprehension. Do not read fast, since the answers may have new words.)

1. ¿Dónde está Sánchez?
   -- Está en su oficina escribiendo una carta.

2. ¿Dónde está María?
   -- Está en la cocina... cocinando.

3. ¿Dónde está Nora?
   -- También está en la cocina... cocinando.

4. ¿Dónde está Ud.?
   -- Estoy en la clase... aprendiendo español.

5. ¿Dónde está su papá?

   -- Está en la oficina... hablando con su amigo.

6. ¿Dónde está su hermano?

   -- Está en el garage... reparando el carro.

7. ¿Dónde está su hermana?

   -- Está en la sala... hablando con sus amigas.

8. ¿Dónde está su tío?

   -- Está en su casa... estudiando portugués.

9. ¿Dónde está su tía?

   -- Está en la cocina... ayudando a mi mamá.

10. ¿Dónde está el lingüista?

    -- Está en su oficina... durmiendo.

Practice 5. Page 442.

(This is a 'look-say-listen': read the number, pause for a
period equal to the length of the sentence, then read the sentence.)

1. ... Estoy en mi oficina escribiendo una carta.

2. ... "   " la cocina cocinando.

3. ... Nora también está en la cocina cocinando.

4. ... Estoy en la clase aprendiendo español.

5. ... Mi papá está en su oficina hablando con un amigo.

6. ... Mi hermano está en el garage reparando el carro.

7. ... Mi hermana está en la sala hablando con sus amigas.

8. ... Mi tío está en su casa estudiando portugués.

9. ... Mi tía está en la cocina ayudando a mi mamá.

10. ... Creo que mi lingüista está en su oficina durmiendo.

Practice 6. Page 444.

(Use the sentences as printed in the student's book. Read, pause
for response, then confirm. Example:

1. Quiero ir. ... Quiero que Ud. vaya.)

Practice 7. Page 445.

> (Read the sentence below, pause, then confirm. The confirmation
> should always start Le aconsejo que... Read with compassion and
> clarity even slightly slower than normal speed.)

   1. Es necesario salir temprano. ... Le aconsejo que salga
       temprano.

   2. Es necesario cambiarlo hoy. ... Le aconsejo que lo cambie
       hoy.

   3. Es necesario venir mañana. ... Le aconsejo que ...etc.

   4. Es necesario ver al señor Gómez ...etc.

   5. Es necesario escribir esta carta. ...etc.

   6. Es necesario estar aquí a las siete. ...

   7. Es necesario levantarse más temprano. ...

   8. Es necesario estar en su oficina. ...

   9. Es necesario quedarse aquí.

  10. Es necesario levantarse a las siete y media.

  11. Es necesario venir más temprano.

  12. Es necesario ir a su oficina.

  13. Es necesario traer dos.

  14. Es necesario preguntarle eso al señor Gómez.

  15. Es necesario ver al señor Hernández.

Practice 8. Page 445.

> (This is in effect a continuation of Practice 7. Read in exactly
> the same way.)

   1. Es necesario llevarlo al garage. ... Le aconsejo que lo
       lleve al garage.

   2. Es necesario terminarlo esta tarde. ... etc.

   3. Es necesario cambiarlo esta noche.

   4. Es necesario salir pronto.

   5. Es necesario venir esta tarde.

   6. Es necesario hablar con el profesor.

   7. Es necesario quedarse más tiempo.

8. Es necesario decirle eso al profesor.

9. Es necesario traerle eso al profesor.

10. Es necesario levantarse muy temprano.

11. Es necesario hacerlo en este mismo momento.

12. Es necesario decirle eso al lingüista.

13. Es necesario preguntarle eso a José.

14. Es necesario escribirlo hoy.

15. Es necesario estar en la clase a las nueve.

Practice 9. <u>446</u>.

(Read once only, for comprehension.)

a. <u>Modelo</u>: El mío no es malo tampoco.

1. El mío no es bueno tampoco.

2. El mío no es grande tampoco.

3. Los míos no son malos tampoco.

4. Los míos no son buenos tampoco.

5. Los míos no son grandes tampoco.

6. El mío no es duro tampoco.

7. Los míos no son exigentes tampoco.

8. Los míos no son importantes tampoco.

b. <u>Modelo</u>: Precisamente. ¿La conoce?

1. Precisamente. ¿Lo conoce?

2. Precisamente. ¿Los conoce?

3. Precisamente. Es muy importante.

4. Precisamente. Lo que Ud. diga.

5. Precisamente. Por eso no fui a clase.

6. Precisamente. Estoy seguro de eso.

7. Precisamente. Hace solamente tres semanas.

8. Precisamente. Todo el tiempo.

9. Precisamente. Es un ejercicio nada más.

10. Precisamente. ¿No me vió?

c. Modelo: Ud. quiere decir que es exigente, ¿verdad?

   1. Ud. quiere decir que el profesor es exigente, ¿verdad?

   2. Ud. quiere decir que la profesora es exigente, ¿verdad)

   3. Ud. quiere decir que los profesores son exigentes, ¿verdad

   4. Ud. quiere decir que los ejercicios son exigentes, ¿verdad

   5. Ud. quiere decir que las lecciones son exigentes, ¿verdad?

   6. Ud. quiere decir que el profesor tiene fama de ser
      exigente, ¿verdad?

   7. Ud. quiere decir que el señor Hernández tiene fama de
      ser duro, ¿verdad?

   8. Ud. quiere decir que es un ejercicio nada más, ¿verdad?

   9. Ud. quiere decir en este mismo momento, ¿verdad?

  10. Ud. quiere decir en la sección de visas, ¿verdad?

d. Modelo: ¡Ya lo creo! ¡Exigentísima!

   1. ¡Ya lo creo! Es grande, ¡grandísimo!

   2. ¡Ya lo creo! ¡Importantísimo!

   3. ¡Ya lo creo! Estoy seguro, ¡segurísimo!

   4. ¡Ya lo creo! Estudié mucho, ¡muchísimo!

   5. ¡Ya lo creo! Pequeño, ¡pequeñísimo!

   6. ¡Ya lo creo! Es fácil, ¡facilísimo!

   7. ¡Ya lo creo! Es difícil, ¡dificilísimo!

   8. ¡Ya lo creo! Es famoso, ¡famosísimo!

   9. ¡Ya lo creo! Es moderno, ¡modernísimo!

  10. ¡Ya lo creo! Es complicado, ¡complicadísimo!

Part 2. Comprehension. Page 448.

   1. (a) Con su permiso. ¿Puede Ud. decirme cómo se llama
        ese señor?

      (b) ¿Cuál?

      (a) El que está cerca de la puerta hablando con la
        profesora.

      (b) Ah-h, ése es el señor López.

      (a) ¿Sabe Ud. si es Pedro López o José López?

(b) ¡Caramba! Lo siento mucho, pero no sé.

(a) No es importante.¡Gracias!

(b) De nada.

2. (a) ¡Hola, Bill! ¿Adónde va?

(b) Voy a tomar un chocolate.

     ¿Quiere un café? ¿o un chocolate?

(a) Gracias, pero no puedo ir con usted.

(b) ¿Por qué no?

(a) Es que tengo que quedarme aquí.

(b) ¿De veras?

(a) Sí. Le dije a mi esposa, que iba a estudiar un poco más.

(b) Muy bien. Nos vemos...

3. (a) Perdón. ¿Dónde está el señor Martínez?

(b) Está en la oficina.

(a) ¿En cuál?

(b) En la del lingüista.

(a) ¿Ah, sí? ¿Qué pasó?

(b) En realidad, no sé. Creo que están preparando un ejercicio para mañana. ¿Ud. quiere que le diga que Ud. está aquí?

(a) No, gracias. No le diga nada. No quiero molestarlo.

4. (a) Sr. Jones, usted es casado, ¿verdad?

(b) Sí, señor profesor. Soy casado.

(a) Y ¿quién' cocina en su casa?

(b) ¿En serio?

(a) ¡Claro!

(b) Pues, mi esposa es la que cocina.

(a) ¿Usted nunca cocina?

(b) ¿Quién? ¿Yo? ¡Nunca!

(a) ¡No me diga!

(b) Bueno, a veces, si ella no se siente bien, entonces yo cocino por ella.

5. (a) ¡Hola, Bill! ¿Dónde está el lingüista?

    (b) ¿Cuál? ¿El lingüista suyo o el mío?

    (a) El mío.

    (b) Pues, no sé dónde está el suyo, pero el mío está
         en la oficina durmiendo.

6. (a) ¡Oiga, José! ¿Cuándo va Ud. a ver al señor Martínez?

    (b) Creo que tengo que hablar con él esta tarde.

    (a) Pues, entonces le aconsejo que vaya temprano.

    (b) Gracias. Estoy seguro que voy a verlo antes de
         las 3:00.